1959

詹天佑紀念館

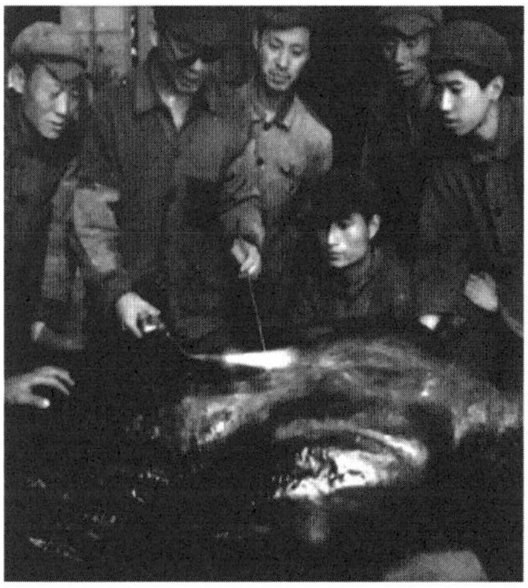

詹公天佑之象

长城下百年京张文化遗迹

刘宁 著

山东科学技术出版社
·济南·

■ 油画作品《跨越百年》 作者 / 刘宁

■ 丙烯画作品《京张桥》 作者 / 刘宁

图书在版编目（CIP）数据
詹公天佑之象 ：长城下百年京张文化遗迹 / 刘宁著.
济南 ：山东科学技术出版社，2025. 4. -- ISBN 978-7
-5723-2703-2
Ⅰ. F532.7
中国国家版本馆 CIP 数据核字第 2025V1Y503 号

詹公天佑之象
——长城下百年京张文化遗迹

ZHANGONGTIANYOU ZHI XIANG
——CHANGCHENG XIA BAINIAN JINGZHANG
WENHUA YIJI

审　　核：刘扬三
艺术指导：刘　宁
责任编辑：陈　昕　徐睿璠　庞　婕

主管单位：山东出版传媒股份有限公司
出 版 者：山东科学技术出版社
地址：济南市市中区舜耕路 517 号
邮编：250003　电话：（0531）82098088
网址：www.lkj.com.cn
电子邮件：sdkj@sdcbcm.com
发 行 者：山东科学技术出版社
地址：济南市市中区舜耕路 517 号
邮编：250003　电话：（0531）82098067
印 刷 者：山东临沂新华印刷物流集团有限责任公司
地址：山东临沂高新技术产业开发区龙湖路
邮编：276017　电话：（0539）2925659

规格：16 开（184 mm × 260 mm）
印张：14.5　字数：115 千
版次：2025 年 4 月第 1 版　印次：2025 年 4 月第 1 次印刷
定价：78.00 元

前言

在北京城中轴线北端的长城文化带，藏有一处百年遗址——青龙桥车站，静卧在长城脚下。踏上八达岭，站台之上，粗犷站墙、斑驳钢轨、苏州码子、报车器和典雅陈设构成了一幅时光流转的画卷：旅人步履匆匆，铁路工人汗洒劳作之地。件件旧物静静诉说着昨日的荣光。树木在山风中摇曳生姿，詹天佑的铜像傍着燕山古道，与京张铁路的老站相伴。列车短暂停留后又启程，这里又回归那份沉静。站台下，新旧京张铁路的交织见证了时代的更替。作为京张铁路线上的重要一站，青龙桥车站留下了无数人的足迹与回忆。发生在这里的许多故事，犹如车站墙上的每一块青砖，刻满了历史的脉络和文化的痕迹。

人，是时光的旅行者，于岁月长河中穿梭前行。过往每一步足印，织就了个人的生命轨迹。而其中的杰出者，心怀超凡的志向，并以坚定的信念与非凡的作为，成为推动现代文明进步的重要力量。回望百年前，中国铁路的创业时期，铁路科技先驱詹天佑身体力行，践行着“各出所学，各尽所知，使国家富强不受外侮，足以自立于地球之上”的民族理想。詹天佑以不懈努力推动科技创新，为国家的崛起铺就坚实的道路。为了纪念这位了不起的人物，20 世纪 60 年代初，在“詹天佑先生诞生一百周年纪念会”会议决议的有力推动下，青龙桥车站被选定为詹天佑纪念馆的馆址。这个原本普通的车站，因詹天佑而成为了解铁路历史、传播詹公精神的重要场所。文化遗产的守护者们收集的文物既丰富了馆藏，也为中国工业和铁路辉煌历程提供了实物佐证，对于研究詹天佑的功绩、传承其品格的价值无可替代。然而，在文化传承的道路上，我们也经历着诸多挑战。时代的变迁和历史的风雨常生误解和误传，为守史存真、深挖史料，我走访亲历者听其口述往事，梳理文献，收集文物和旧时照片，倾注心力，编纂成册。

本书详细记录了坐落于青龙桥车站的第一个詹天佑纪念馆和八达岭詹天佑纪念馆建馆的独特历程，讲述了 1962—1987 年 26 个春秋饱受历史淘炼的文物寻踪纪实故事。书中首次公开揭示了诸多往事，涵盖青龙桥车站在京张铁路线上的历史地位、从詹天佑档案资料中搜集到的史料、纪念馆的筹建与变迁、詹天佑葬墓的沉寂与寻棺迁墓、詹天佑铜像的修复和重塑，以及纪念空间设计所历经的风雨兼程；同时展示了 1988 年至今铁路文化保护与利用的成果。这不仅是对铁路工业遗产的深度梳理与纪念，也是对伟大民族精神的致敬与传承。作为文旅发展的范例，京张铁路不断演绎着文化遗产的当代价值，与“一带一路”共同构筑起一个跨越空间与时间的多维文化网络。它不再是一条铁路，而是融合了民族魂魄、工业记忆和人文精神的强大符号。

在科普讲座中，我深感听众对八达岭青龙桥车站的历史文化价值了解有限。知晓其历史后，他们常惊讶于这样一座有故事的车站竟如此“低调”。游客最关心的是如何前往，因为车站位于延庆区八达岭镇山沟，位置偏远，远离城镇与景区，交通不便。相较于八达岭长城，它的宣传少、旅游项目开发不足。

2008 年 8 月停办客运业务后，此站成了 S2 线技术停车站，已不再承担日常旅客运输的任务。游客进出参观与使用设施不便，所以能领略其全貌并深刻感受其历史氛围的人并不多。

如今，京张铁路是具有高附加值的文化遗产，对它的传承与活化引领我们进入文化自觉时代，主动探索京张铁路文化史迹，体验其与时代文化的融合。在当下注重重塑文化记忆和民族精神的时代，撰写者肩负着传诵京张铁路、詹天佑、青龙桥车站及詹天佑纪念馆故事的重任。京张铁路的发展历程、詹天佑的人生经历、青龙桥车站的过往蕴藏着历史智慧，值得一代代人传承下去。

2025 年 3 月

每一处工业遗产都承载着历史的深沉和文化的薪火，而京张铁路遗址正是这份记忆的守护者。它不仅保存着铁路的历史印记，也是一个让公众亲身感受铁路演变史的特殊空间。对这片遗址进行恰当的改造和利用，是我们对工业遗迹的责任所在。这不仅是一个保存过去的场所，更是一个展望未来的起点。这次公共空间的再造，不只是修缮一座公园，更是对那些默默无闻的工业巨匠们的致敬。我们站在这里，就站在了时间的交会处，让市民亲身感受历史的脉动，触摸古迹的新生。

中国文物学会专家委员会主任
故宫博物院原院长
单霁翔

我的足迹遍布各大工业遗产保护项目，从渤海国上京龙泉府遗址的守护，到圆明园的初探与保护工程；从北京中轴线修缮工程、清河汉城遗址的历史追溯，到横道河子铁路机车库的复建。我为能参与这些项目的保护工作而感到无比自豪。深感刘宁所做的文化遗产挖掘和梳理工作对当今的意义和价值，我们赋予了这些工业遗产全新的生命，让它们在现代社会中焕发出不一样的光彩。

北京市文物保护协会常务理事
李彦成

位于北京长城带的青龙桥车站工业遗产是历史的厚礼，由刘宁的笔端细致描绘，成为我们与过往六十多载对话的桥梁。从亲历者的口述和坚实的文献证据，可以看出作者耗费心力、细致勾勒出的一幅幅珍贵的历史图景。她的作品与努力，让我们得以深刻领略那段时光的风貌。这不仅是一项艰巨的任务，更是给后人的宝贵文化遗产。

中国博物馆陈列艺术设计专家
周士琦

利用文物资源，在保护底线之上探寻活化路径，使古老文化与现代生活同频共振。

北京市东城区政协委员
北京古都学会副会长
李欣

对工业遗址的再利用，不只是空间的重塑，更是串联文化传承与城市复兴的关键链条。铁路工业文化考古的成果，开启了工业文明的密码。铁路工业遗产必将成为驱动城市高质量发展的强劲新引擎。

北京博物馆学会理事长
刘超英

回望中国铁路的发展历程，詹天佑是当之无愧的先行者和开拓者，被誉为“中国铁路之父”。京张铁路作为中国人修建的第一条铁路，彰显了总工程师詹天佑的非凡智慧和坚韧毅力，树立起中国人立于世界之林的风范和丰碑。京张铁路改变了中国人不能自建铁路的历史，书写了中国人的骨气、智慧和荣光。詹天佑在高高的山岭间大写的“人”字，不仅顺利解决了坡度大、修路难的问题，也开创了中国人自己修建高难度铁路的先河。

一百多年来，詹天佑精神就是一面旗帜。他留下的中国铁路文化遗产，激励着一代又一代中国铁路人前赴后继，为交通强国理想而努力奋斗。本书收录了大量有关詹天佑的铁路历史文物资料，包括当年的实物图片、铁路场景照片和故事，不仅为研究中国工业革命和铁路运输发展进程提供了实物佐证，也为博物馆的文物馆藏和詹天佑文化研究提供了丰富的资料，具有无可替代的历史文化价值。多年来，作者刘宁忠于职守，以追求历史真像为己任，探访寻觅了大量史料，不放过任何一位经历者的口述，认真梳理每一份文献资料，倾注心力，编纂成册，取得了丰硕的成果。作者无疑是詹天佑铁路文化遗产忠实的守护者、传承者，值得点赞。

中国文物保护基金会工业遗产保护
专家组首席专家
王雄

拾起曾经的工业印记，赋予它们新的功能和价值，注入现代的生命力，也让这些工业遗产重新融入人们的生活，成为城市的新地标。这便是一件极有意义的事。

京张铁路及詹天佑文化史学专家
遗址修复专家
刘扬三

目录

001

壹

|史序篇|

029

贰

|传承篇|

175

附录

| 人物篇 |

壹

| 史序篇 |

那些被时光掩埋的故事

——对话詹天佑文化史学专家刘扬三

在康波周期里，历史踏着技术创新的节拍，变换着时代的舞台。蒸汽机的轰鸣，拉开了工业革命的序幕，铁轨如巨龙般蜿蜒，铺就了铁路时代的辉煌。1909 年，京张铁路横空出世，那是中国人智慧与勇气的结晶，它不仅是中国第一条自主设计与施工的铁路干线，更是时代变革的视觉烙印，深深镌刻在历史的长卷中。

京张铁路留有众多遗址，并由此产生了国家级、省市级文物保护单位。其中，自南口段至八达岭段全线 21.82 千米，现存被列为国家级建筑遗址者有南口火车站站房、南口机车车辆厂、南口火车房、南口火车站万国饭店、青龙桥站站房及职工宿舍与监工处、东园站站房、居庸关站站房；标志物遗址有之字线铁路、詹天佑墓、詹天佑铜像；隧道工程遗址有五桂头山洞、居庸关山洞、八达岭山洞等。2013 年，国务院将京张铁路南口段至八达岭段列为第七批“全国重点文物保护单位”。

在信息技术与人工智能浪潮汹涌的当下，京张铁路的辉煌仿佛被新纪元的篇章所遮蔽。其遗址和遗存静默于岁月的尘埃里。但是，有关它的传说从未消逝，特别是那座位于青龙桥的三等车站，在 20 世纪 60 年代，曾变身为詹天佑纪念馆。那些被时光掩埋的故事，如蒙尘的珍宝，待后人去挖掘。

中华人民共和国成立后，国家一直铭记着詹天佑这位工程大师的非凡贡献，通过各种形式传承着他的精神。那些瞬间，犹如点点繁星，照亮了詹天佑的传奇人生之路。而此刻，一场探秘之行已悄然开启，将引领人们穿梭于尘封的岁月，揭开事实与传闻的神秘面纱，探寻文化遗产保护的真义。在这场旅程中，人们终将知晓，不管是八达岭詹天佑纪念馆，还是青龙桥车站遗址，它们背后所潜藏的历史故事，正是对詹天佑精神的别样诠释，也是对这个国家发展进程的深刻见证。

在京张铁路的遗址之上，詹天佑文化史学专家刘扬三主持建立了詹天佑纪念馆。当年，他征集了大量文物，涵盖詹天佑的遗物、京张铁路全建设周期的记录，以及相关人物、事件等各类资料，极大地丰富了馆内的陈列内容。对这些实物及其精神遗产、文化特征的搜集与挖掘，为铁路文化的研究和传承提供了充裕素材，强有力地助推了学术研究的发展。在物质文化遗产保护与展示领域，他修缮了青龙桥车站文化遗址，并借助站舍打造了纪念馆，通过文物、照片、模型、艺术创作、雕塑等形式展示京张铁路文化，为“百年京张”这一品牌奠定了坚实基础。

詹天佑纪念馆建立始末

宁：您主持修建了位于青龙桥车站的詹天佑纪念馆，此馆是国家首次为詹天佑设立的纪念馆。后来国家复建新馆，您又担任八达岭詹天佑纪念馆陈列总设计，同时您还肩负着征集文物的重任。据我了解，在京张工业遗址上建造纪念馆，在当时可谓是前所未有的尝试，并无案例可供参照。为何会在此处设立场馆？将站房旧址空间改造为展示文物的场馆时，遇到了哪些问题呢？

刘：那是 1961 年，我记忆犹新，逢詹天佑先生百年华诞之际，在北京召开了盛大的纪念会。我有幸出席了这场聚集了全国科技精英和社会各界代表的盛会。在那个历史性的时刻，会议做出了建立詹天佑纪念馆的决议，要求以最快的速度竣工，以 1962 年为期。批复文件和工程准备中明确指出这里将成为纪念詹天佑的专馆。铁道部的领导提议把京张铁路的青龙桥车站定为詹天佑纪念馆馆址，这也是京张铁路重要节点“之”字轨道所在地。铁道部党组迅速做出明确指示，由北京铁路局不容延迟地着手实施。北京铁路局研究决定，由我全权负责青龙桥车站的詹天佑纪念馆建立工作。1962 年，我在北京铁路局办公室负责全局文物档案和美术文化事务。众人皆知，博物馆的重要根基在于文物，我接到任务时，手头一件文物都没有，连可供研究的资料也没有，可谓从零起步。我做的第一件事就是对文物档案进行收集、整理及归类。记得那时，为了寻觅文物，我总会随身携带着单位的介绍信，以便在发现文物之际随时展开征集工作。就这样，文物从起初的一无所有，到后来逐渐丰富起来。前后两个纪念馆开馆时所用的文物均源自1962年的那次征集。工作完成后，纪念馆正式对外开放之际，我亲手将詹天佑纪念馆首枚馆章移交于首任馆长田芝增。当时，纪念馆虽然规模不大，但组建了专职团队，设置了馆名，还引入了博物馆管理制度和文物保护措施。活化利用老车站建馆的方案标志着铁路遗址博物馆的开端。从筹备建馆开始，我便投身其中，到最终它被撤销，我才真正离开了这片倾注无数心血的地方。

宁：这个馆后来为何在公众视野中消失了呢？

刘：将旧站房进行改造，利用现有室内空间来建造纪念馆，在展陈方面受到了空间、结构等众多因素的限制，文物得不到充分展示。1966年，在铁道部下令停止扩建纪念馆时，北京铁路局下令撤销青龙桥詹天佑纪念馆。1984年，铁道部另辟新址，开始在八达岭重建新的詹天佑纪念馆。

宁：八达岭詹天佑新馆1987年建成后，您再次以展览总设计师的身份为观众呈现了卓越的陈列艺术。新纪念馆和青龙桥纪念馆相比，有何差异？

刘：首先，这一次打造的是一座全新的地标，在规模和构造上超越了以往，为我们在展览设计上提供更多的可能性。不仅陈列空间更为宽敞，使更多的珍贵文物和实物得以展出，还搭建了更为生动的场景。另外，这两座博物馆，建馆时，前者隶属于北京铁路局，后者隶属于铁道部。如果说青龙桥馆是古今融合的纪念馆，那么，八达岭处的纪念馆地处长城旅游区，人流量大，交通方便，则能够更好地传播文化理念。在遗址上建馆后又获国家批地建新馆，这是国家对文化高度重视的体现，也是文博新老传承的延续。

刘扬三

宁： 詹天佑的名字已与科技、铁路历史荣耀同在。詹天佑纪念馆不仅是对詹天佑的纪念，也是您作为文化使命的践行者和青龙桥站詹天佑纪念馆的奠基人全力推动国家名人纪念馆建设的具象体现。您不仅创建了纪念馆，更亲自负责文物的征集和展览的设计，主持了修复与重立铜像“詹公天佑之象”工程，使这座备受瞩目的名人雕塑得以恢复原有的模样。它不仅仅是一尊雕塑，更是一段传奇的再现、一份责任的传承。您是在何种背景下为詹天佑塑像，并修复了那座“詹公天佑之象”？

刘： 我之前雕塑过一尊詹天佑的胸像，1962 年在青龙桥的詹天佑纪念馆中展出，这也是我为詹天佑雕塑的第一尊像。10 年后，1973 年 6 月 10 日，北京铁路分局政治部依照国务院的指示，委重任于我，让我主持受损倒毁的“詹公天佑之象”的修复与重立工作。我再次登上了八达岭青龙桥，承担起了修复这座铜像的使命。面对破损的雕像与基座，要完美还原这件两米多高的艺术品，在那个年代的条件下，是一项挑战。考虑到当时的材料、技术和工艺限制，我知道这将是一段艰难的旅程。经过细致的损坏评估，包括对断裂和变形的定位、对损失面积的测量，我们基于数据分析拟定了修复方案，确定了修复单位，并依照计划分工协作，共同重塑这份文化遗产。终于在 1973 年 8 月 30 日，詹天佑铜像在原地再次傲然屹立，恢复了它应有的荣耀。

奋斗二十六载只为传承

宁：1962 年和 1987 年，岁月两端，您都以同一个伟大人物的故事为线索，融入对铁路工业遗产文化的理解。26 年的时间跨度里，您对这座博物馆定有非同寻常的感悟吧？

刘：铁路行业博物馆是铁路发展历史的承载之体。两处的展览都是通过詹天佑这一人物记载铁路由过往至现今的重要发展阶段与变革。这份历史宝藏值得我们珍视。我的职责在于挖掘和保存这些无价的历史印记，再以视觉艺术的形式为众人呈现，让更多的人了解中国铁路发展的辉煌历程。我们的展览不仅呈现詹天佑的一生，更重要的是展示他如何凭借卓越才智和不屈意志，为中国的科学技术进步立下丰功伟绩。希望这些史实能够激励我们深思工程技术如何推动国家向前迈进。

在国家的大力支持下，青龙桥詹天佑纪念馆迅速竣工，向公众敞开了大门。开馆之时，我陪同吕正操部长乘坐火车专列奔赴纪念馆，向他详细介绍了筹建纪念馆的过程及詹天佑的历史功绩。吕部长深受感动。当获悉不少珍贵文物未能展出时，他提出应扩建馆舍，为后人留下更丰厚的历史遗产。他说，“展览大有可为，应该不断扩大面积和增加内容”，并指出“这是关系子孙后代的大事”。随着八达岭詹天佑纪念馆的落成，更多的历史文物得以呈现。

国家通过对京张铁路遗址的妥善保护、对京张铁路遗址公园修建与贯通的支持与规划，向民众展现了一份珍贵的文化遗产，使我们精神世界中不可或缺的宝贵资产得以不断传承下去。

刘扬三登上《艺术人物》封面

刘扬三，青龙桥詹天佑纪念馆奠基者，1961 年，出席“詹天佑先生诞生一百周年纪念会”后，即为筹建詹天佑纪念馆和出版詹天佑传记开展专访和文物征集，成为首位弘扬詹天佑京张铁路文化的工作者。至今，他已研究、考察并向国人推介詹天佑 60 余年。他是建馆初期 100 余项 1000 余件套詹天佑遗物的征集者、建档者。这些珍贵文物为 1962 年青龙桥首馆和 1987 年八达岭新馆的建成开放提供了史实依据和丰富的展览内容。1962 年，刘扬三主持筹建青龙桥首馆，撰写第一部展览大纲，且是该馆第一尊詹天佑胸像的雕塑者；1973 年，他主持青龙桥倒毁的詹天佑铜像的修复与重立工作；1982 年，詹天佑迁墓期间，他提出的“背倚青山，前像后墓”的建议得到建筑设计师虞献南的充分采纳，同年，詹天佑新墓在青龙桥车站的詹天佑铜像后山落成；1984 年，他担任八达岭新馆展陈总设计；1987 年新馆建成开馆后，其设计方案获 1991 年北京地区博物馆陈列设计展“优秀设计奖”。

著名美术家刘扬三，经首都国庆游行指挥部预演审定，负责绘制毛泽东主席标准像；也曾受令在 24 小时内，完成“毛泽东号”机车换型新车徽的设计。此外，他还担任过众多国家级重大项目，包括首都节日庆典的艺术设计等。其作品曾获得周恩来总理“构思巧妙，生动活泼，一目了然”的称赞。

詹天佑墓地：沧桑岁月

中华铁路的开拓先锋、中华工程师学会的奠基人詹天佑（1861—1919），这位近代科学巨匠，以其非凡的才华，为我国铁路工程领域创造了不朽业绩，将我国铁路工程水平推向了一个全新的高度。周恩来总理曾对他给予高度评价，将他誉为“中国人的光荣”。

■ 詹天佑（1913 年首任交通部技监时留影）

打破垄断，刻画辉煌篇章

詹天佑，字眷诚，1861 年 4 月 26 日出生于广东省广州府南海县，祖籍徽州婺源。詹天佑是我国近代科技发展史上作出过开拓性贡献的杰出爱国工学家，在中国科学技术和工程建设史上写下了辉煌的篇章。他的一生遇到了无数挑战，也取得了辉煌成就。他设计并建造的京张铁路，是中国人自主筹资、勘测、设计并施工建设的首条干线铁路，打破了外国专家垄断中国铁路建设的局面。他的工作推动了中国铁路事业的发展，在国家自主创新和工业化进程中留下了一座座里程碑。这些工程壮举标志着我国铁路工程建设的崛起。

詹天佑担任过多种官职。清朝时期，初入铁路行业的他在中国铁路公司任帮工程司，相当于助理工程师，后升任工程师，大致相当于现在的中级工程师或技术骨干。1905 年，詹天佑出任京张铁路总工程师兼会办，后任总办兼总工程师，相当于现代大型工程项目的总指挥兼总工程师。1908 年，詹天佑任邮传部二等顾问官，加二品衔，达到了较高的官衔级别。1912 年，詹天佑任汉粤川铁路会办，后任督办等职，相当于现代企业的副总经理、总经理等，从行政级别来说，与厅级相当。1913 年，詹天佑任交通部技监兼汉粤川铁路会办，并当选中华工程师会（1915 年更名为“中华工程师学会”）首任会长。交通部技监类似于现代的总工程师或技术总监，行政级别为部级副职左右，而中华工程师会会长则是行业协会的重要职务。

1919 年，詹天佑受命代表中国出席国际联合监管远东铁路会议，与其他中国代表共同努力取得了我国在中东铁路沿线的护路权，制止了外国以武装护路为理由侵占中东铁路及附近中国领土的野心，使中国工作人员得以在中东铁路工作中掌握管理权，为我国工程师在中东铁路争得了工作地位。

巨匠陨落，三愿为国家

后来，詹天佑因疲劳过度，心力交瘁，旧日腹疾复发，入汉口仁济医院治疗。1919 年 4 月 24 日，詹天佑在无尽的忧虑与执着中溘然长逝，享年 59 岁。临终之际，詹天佑仍心系国家大事，抱病陈述了三个遗愿。首先，他希望能够振奋发扬中华工程师学会活动，以兴国阜民。詹天佑深知，一个国家的繁荣富强离不开科学技术的进步，而中华工程师学会正是推动这一进步的重要力量。他的这一遗愿展现了他对国家科技发展的迫切期望。其次，詹天佑希望慎选人才管理铁路，以扬国光。他深知人才是国家兴旺发达的关键，尤其是在铁路这一关系到国家经济命脉的领域。这一遗愿体现了他对国家人才选拔与培养的高度重视，希望有更多优秀的人才为国家发展贡献力量。最后，詹天佑希望就款计工，唯力是视，脚踏实地建成汉粤川全路。作为一名杰出的铁路工程师，他深知铁路建设的重要性，尤其是汉粤川全路，它的建成无疑将大大推动国家经济发展。这一遗愿体现了他对国家基础设施建设的执着与信念。詹天佑的临终遗言无一涉及私事，均关乎国家利益，展现出他高尚的爱国情操。他期盼国家能够采纳他的遗愿，并表示，若国家能实现这三件事，他虽死犹生。这样的境界，令众人感慨不已。1922 年 11 月，在中国政府和人民的持续抗议下，监管中东铁路和西伯利亚委员会撤销。

詹天佑去世后，国内外举行了各种悼念活动。北京、汉口、广州、上海、天津各界举行公祭，国际联合监管远东铁路会议也致以哀思，驻华公使、外国工程师、外国政界人士纷纷发来唁电悼念詹天佑，为中国失去这样一位卓越的工程专家深深哀痛、惋惜。武汉各界人士为詹天佑举行了隆重的出殡仪式。其灵柩暂厝于汉阳广东山庄。

■ 武汉各界人士为詹天佑举行出殡仪式情景

■ 詹天佑公祭灵堂

梦魂深入，情寄京张

詹天佑对北京怀有深厚的感情，生前也曾多次表示，希望年老退休后举家迁往北京定居。詹天佑逝世后，灵柩停留汉口期间，家属遵照其遗愿，在北京西郊海淀万泉庄小南庄村买下了一块空地。1921 年 4 月 5 日，詹天佑长子詹文珖将詹天佑灵柩由汉阳迁葬于此。同时，又在地安门马尾巴斜街买下一处住宅，从此全家定居北京。5 年后，詹天佑夫人谭菊珍女士逝世于北京，终年 59 岁。詹天佑伉俪享寿同年，合葬于小南庄詹天佑墓地，且立下石碑纪念。

詹天佑和夫人的第一处葬墓，在百周年纪念会期间，曾由筹委会进行整修，并立了新墓碑。

1962 年，刘扬三前往该墓地祭扫，还进行了摄影与建档。从照片中可以看出，当时的墓地远离居民区，周围树木环绕，土丘上植被繁茂。然而，多年之后，墓地及墓碑都已消失不见，那张照片则成为寻找墓地位置的唯一依据。

■ 詹天佑和夫人第一处葬墓

詹天佑像铸成始末

在大众的普遍认知中，詹天佑塑像共有三尊。其中，民国时期立于八达岭的詹天佑像和中华工程师学会的詹天佑像为国外铸造；中华人民共和国成立后，国务院决定为詹天佑建造纪念馆，随之诞生了国人塑造的第一尊詹天佑像。这些塑像皆为后人缅怀詹天佑提供了直观而形象的实物寄托，只不过，它们在岁月的长河中有着不同的留存境遇与命运轨迹。

矗立于“京张”制高点

詹天佑作为中国第一代铁路工程专家，不仅在专业领域成就斐然，还具有强烈的爱国精神。在面对列强对中国铁路建设的觊觎和阻挠时，他坚决捍卫中国的铁路权益，努力推动中国铁路事业的自主发展。其高尚的品德和爱国情怀赢得了广泛的赞誉和尊重。他的逝世不只是科技工程界的损失，更是中国的一大损失。

以邝孙谋为首的中华工程师学会、以丁士源为首的京绥铁路同人会和以颜德庆为首的汉粤川铁路湘鄂线 500 余人联名向民国政府呈文，恳请为已故交通部技监詹天佑建祠立像，并请颁给碑文，以励成劳，而资观感事。当时的交通部很快同意了相关请求。1919 年 7 月 22 日，民国大总统徐世昌批复同意在八达岭的青龙桥站为詹天佑立碑铸像，并颁发了以他名义撰写的碑文。之所以选择青龙桥站，是因为该站是詹天佑设计的人字形线路所在地，代表着他主持修建京张铁路的卓越功绩。中华民国政府委托日本铸像，雕塑家大梦铸造了詹天佑铜像大、小各一件。

■ 詹天佑小铜像

■ 詹天佑小铜像

詹天佑小铜像身高 1.18 米，这个高度使塑像栩栩如生。这尊塑像并非一蹴而就的，而是经过精心的设计和铸造，以确保其与真实形象相近。该铜像最初被放置于北京西单报子街 76 号中华工程师学会总部内。中华工程师学会在中华人民共和国成立前夕迁往台湾。随着学会的离去，中华工程师学会建筑不再使用，该铜像也下落不明，直至工作人员发起了对历史文物的寻找，在北方交通大学的角落里，铜像才得以重见天日，现被安放于詹天佑纪念馆。

另一座更加宏伟的大像根据此像放大铸造而成。该像高约 2.4 米，名为“詹公天佑之象”。这座铜像日后备受世人瞩目，它屹立于八达岭青龙桥车站——京张铁路的最高点。在这里，铜像见证了我国铁路事业发展的辉煌历程，也代表着詹天佑一生的奋斗与付出。为了让更多人了解和瞻仰詹天佑，人们在铜像旁修建了石碑和碑亭，以此寄托对这位先驱的怀念。

■ “詹公天佑之象”

■ 詹天佑铜像、碑亭的设计手稿

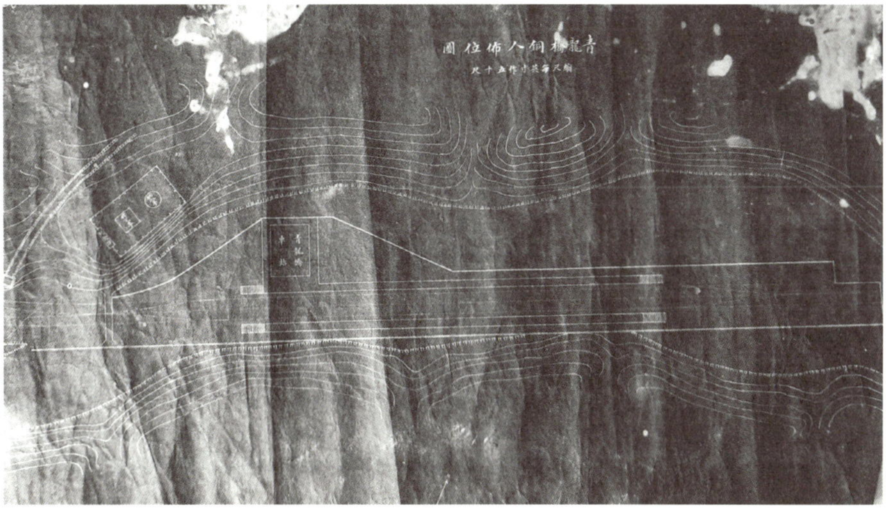

■ 詹天佑铜像、碑亭布局俯视图，名为“青龙桥铜人布位图”

■ 1922 年 4 月 24 日，值詹天佑忌辰三周年，一场隆重的铜像揭幕仪式在八达岭青龙桥车站举行

■ 时任中华工程师学会会长邝孙谋主持铜像揭幕仪式

仪式上，人们送发了铜像揭幕纪念品及纪念邮票，以此表达众多同仁对詹天佑人格魅力的崇敬。这份怀念之情，不仅仅是对詹天佑个人的赞美，更是对他振兴中华、创立宏伟业绩的崇高敬意。

■ “詹公天佑之象”揭幕仪式场景

■ 中华工程师学会同仁纪念詹天佑

■ 建立詹公天佑铜像纪念明信片

这张明信片的发行意在纪念京绥铁路青龙桥车站詹天佑铜像的落成。铜像承载着人们对詹天佑的敬仰与追思，是那段历史的珍贵见证者。谁承想，在时代的风雨中，这尊铜像竟被拉倒，空余残破基座，默默承载着岁月的沧桑与遗憾。

中华人民共和国成立后，国务院决定为詹天佑建纪念馆。1962 年，由国人亲手塑造的第一尊詹天佑塑像诞生，该像亦为詹天佑纪念馆陈列的首尊詹天佑塑像，具有独特而重要的地位与价值，承载着后人对詹天佑的敬仰与纪念之情，成为其伟大功绩与崇高精神的象征载体，在詹天佑相关纪念文化中占据着关键地位，为传承和弘扬詹天佑的事迹与精神发挥着重要作用，为后人缅怀詹天佑提供了直观而深刻的实物寄托。但随着青龙桥詹天佑纪念馆的撤销，这尊像也没有了踪迹。

国人亲手塑造的第一尊詹天佑塑像（刘扬三创作并雕塑）

贰

|传承篇|

缘 起

詹天佑以钢轨为笔，以山河为卷，书写了中国工业文明的启蒙篇章。周恩来评价他是“中国人的光荣”。为了铭记这位伟人，人们深挖历史角落，搭建出一座座承载历史记忆的殿堂。

“詹天佑先生逝世 40 周年纪念会”隆重举行

铁道部建议，詹天佑逝世 40 周年纪念活动由中国土木工程学会牵头成立筹委会，组织筹办纪念活动。中国土木工程学会于 1959 年 2 月 7 日提交了“关于纪念詹天佑先生逝世四十周年的报告”。中国土木工程学会、全国科协、铁道部、北京图书馆、铁道学院、铁道科学院、建筑学会共同组成纪念活动筹委会，下设办公室。

1959 年 4 月 24 日，“詹天佑先生逝世 40 周年纪念会”在京举行。

■ “詹天佑先生逝世 40 周年纪念会”现场

“詹天佑先生诞生一百周年纪念会”隆重举行

1961 年 4 月 26 日，由中国科学技术协会、铁道部和建筑工程部联合举办的“詹天佑先生诞生一百周年纪念会”在全国政协礼堂举行。首都科学技术界 1400 多人参加集会。国务院副总理陆定一，全国人民代表大会常务委员会副委员长、中国科学院院长郭沫若出席了纪念会。纪念会由中国科学技术协会副主席范长江主持，中国科学技术协会主席李四光首先在会上讲话，铁道部副部长钱应麟在会上做了报告。纪念会最后，中国土木工程学会理事长茅以升介绍了詹天佑的生平及社会贡献。刘扬三也出席了此纪念会。

会议做出几项决定，其中包括出版詹天佑传略以及筹建纪念馆，并提出纪念馆须在 1962 年建成。

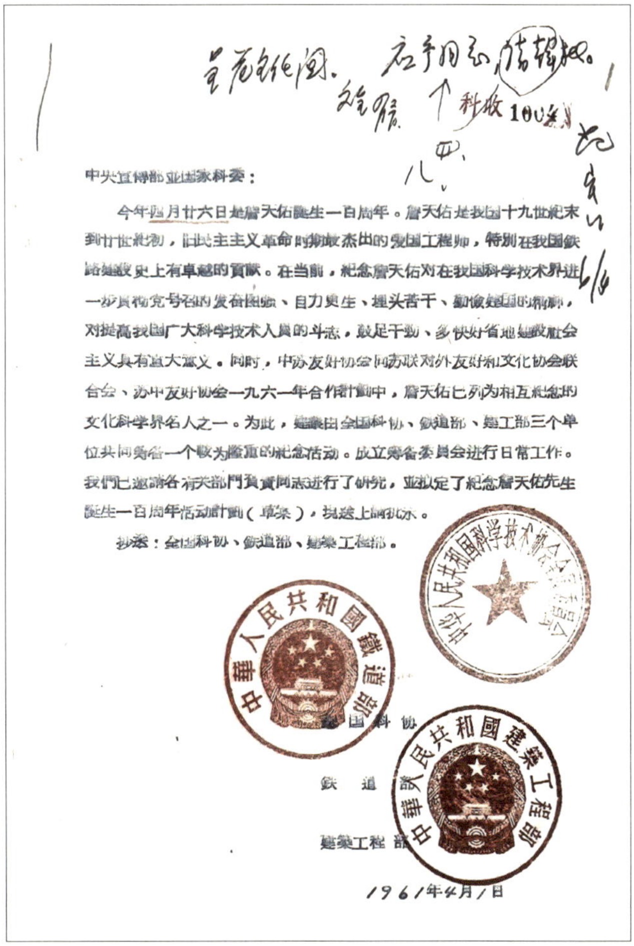

中央宣傳部並國家科委：

今年四月廿六日是詹天佑誕生一百周年。詹天佑是我国十九世紀末到廿世紀初，旧民主主义革命时期最杰出的爱国工程师，特别在我国鐵路建設史上有卓越的貢献。在当前，紀念詹天佑对在我国科学技术界进一步貫彻党号召的发奋图强、自力更生、埋头苦干、勤儉建国的精神，对提高我国广大科学技术人員的斗志，鼓足干劲、多快好省地建設社会主义具有重大意义。同时，中苏友好协会同苏联对外友好和文化协会联合会、苏中友好协会一九六一年合作計劃中，詹天佑已列为相互紀念的文化科学界名人之一。为此，建議由全国科协、鐵道部、建工部三个单位共同筹备一个較为隆重的紀念活动。成立筹备委員会进行日常工作。我們已邀請各有关部門負責同志进行了研究，並拟定了紀念詹天佑先生誕生一百周年活动計劃（草案），現送上請批示。

抄送：全国科协、鐵道部、建築工程部。

全国科协

鐵道部

建築工程部

1961年4月1日

■ 中共中央宣传部并国家科学技术委员会发文拟定“詹天佑先生诞生一百周年纪念会”活动计划

■ “詹天佑先生诞生一百周年纪念会”现场

■ 中国科学技术协会主席李四光讲话

■ 铁道部副部长钱应麟做报告

■ 中国土木工程学会理事长茅以升介绍詹天佑生平事迹

■ 铁道部副部长郭鲁接见詹天佑第五子詹文裕（詹同济之父）

会议期间，在会场前厅举办了“詹天佑生平简介展览”。会后，北京京剧团演出京剧《詹天佑》，由李和曾、江新蓉主演。纪念会筹委会还对詹天佑在北京海淀的葬墓地进行了整修，并为詹天佑、夫人之墓立了新墓碑。

纪念会筹委会关于筹建詹天佑纪念馆的议题于 1961 年 4 月得到了中共中央宣传部的认可与支持。此次会议后，纪念詹天佑的活动按照中共中央宣传部科学处的具体批示进行。

1961 年 5 月 4 日，中共中央宣传部批示邮电部“同意发行詹天佑诞生一百周年纪念邮票”。

詹天佑诞生一百周年纪念邮票，一套两张

10

深挖历史角落，重现往日光辉

充满变故曲折的詹天佑文化史迹时间轴

- 1962 年 铁道部批示建立纪念馆
- 1962 年 征集文物与建立档案
- 1962 年 筹建纪念馆
- 1962 年 纪念馆开馆
- 1966 年 撤销纪念馆
- 1967 年 铜像倒毁
- 1973 年 修复并重立铜像
- 1982 年 沉墓选址迁移
- 1984—1987 年 重建纪念馆
- 1987 年 新建纪念馆开馆

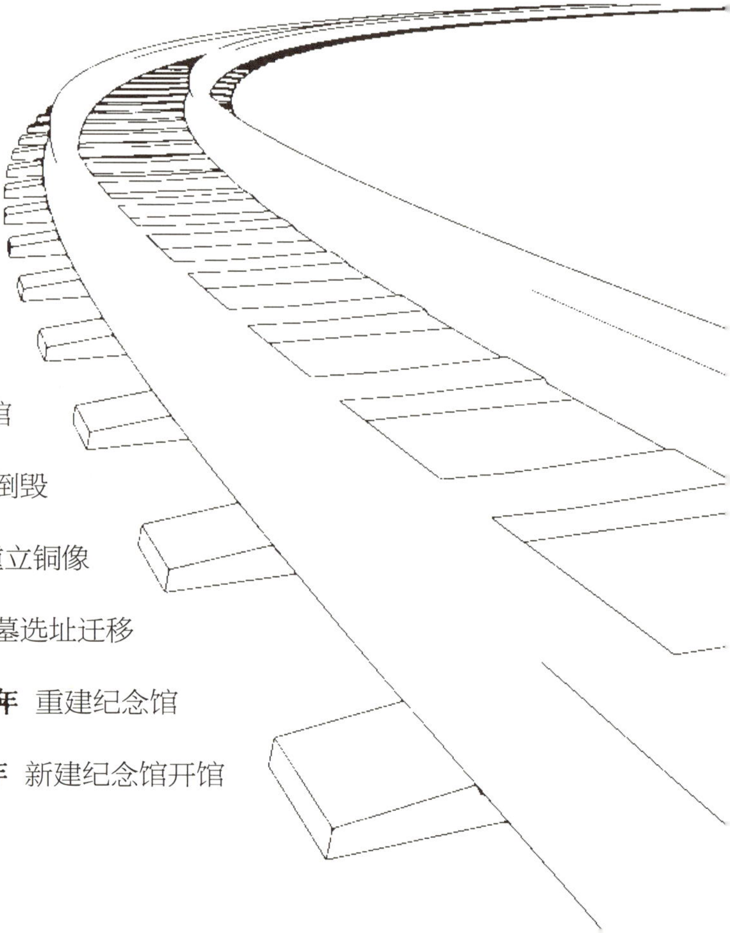

1962 年，筹建詹天佑纪念馆

1962 年，铁道部党组批示，责成北京铁路局在京张铁路的最高点——青龙桥车站筹建詹天佑纪念馆。局长赵文普指定局办公室主任言兆主管建馆工作，由局办公室负责文化工作的刘扬三主持詹天佑纪念馆在青龙桥车站建馆的一切事宜。

刘扬三在接到任务的第一时间，迅速着手组建展览筹备组，筹备处选址于北京西单石驸马大街。随后，他从北京局的骨干力量中紧急选调了三位得力人员，与自己共同组成建馆筹备小组。这四位首馆筹备人员分别是刘扬三、侯及名、罗增涛和冯金亮。他们带着使命与决心，开启了筹备工作，分工协作，力争不负所托，在西单石驸马大街的筹备处中规划出展览的蓝图，为展览的顺利开展奠定基础。

1962 年 7 月，筹展工作全面展开。刘扬三遍访名家，收集史料，征集文物并建档，撰写展览大纲，改建馆舍，设计展陈，制作展品展具。各项工作紧张有序地进行着。

■ 侯及名（左）、刘扬三（中）、罗增涛（右）（冯金亮拍摄）

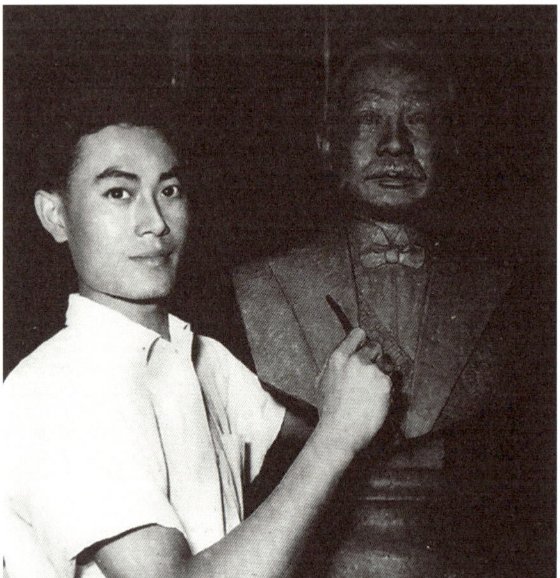

■ 刘扬三为詹天佑塑像

利用青龙桥车站站舍改建詹天佑纪念馆

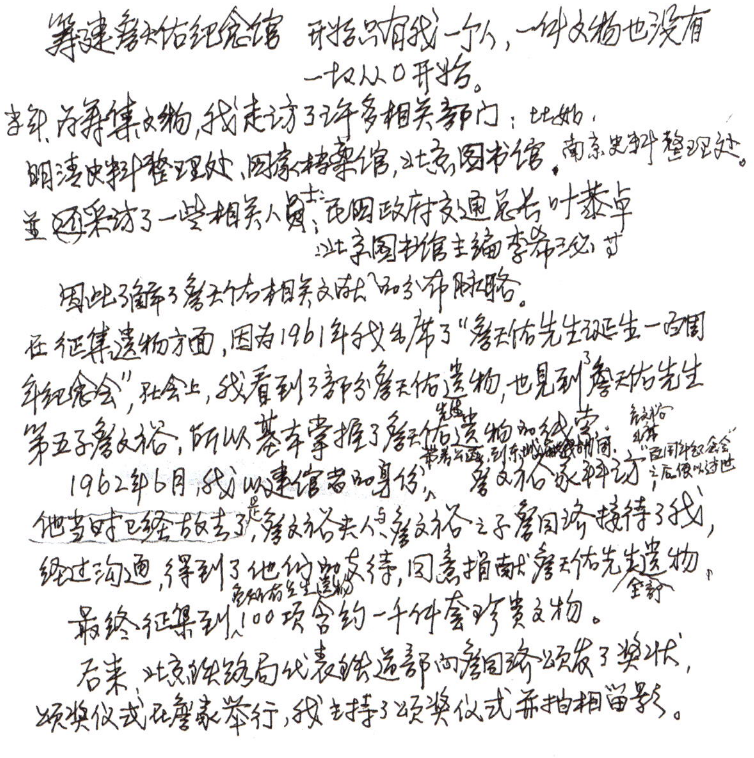

筹建詹天佑纪念馆 开始只有我一个人，一件文物也没有
一切从0开始。
当初，为筹集文物，我走访了许多相关部门：比如，
明清史料整理处、国家档案馆、北京图书馆、南京史料整理处。
并采访了一些相关人士：民国政府交通总长叶恭绰
北京图书馆主编李希泌等
因此了解了詹天佑相关文献的分布脉络。
在征集遗物方面，因为1961年我出席了"詹天佑先生诞生一百周
年纪念会"，在会上，我看到了部分詹天佑遗物，也见到了詹天佑先生
第五子詹文裕，所以基本掌握了詹天佑先生遗物的线索。
1962年6月，我以建馆者的身份，带着公函，到东城[illegible]胡同詹文裕家拜访，詹文裕在"百周年纪念会"之后便已过世，
他当时已经故去了，是詹文裕夫人与詹文裕之子詹同济接待了我，
经过沟通，得到了他们的支持，同意捐献詹天佑先生全部遗物，
最终征集到詹天佑先生遗物100项合约一千件套珍贵文物。
后来，北京铁路局代表铁道部向詹同济颁发了奖状，
颁奖仪式在詹家举行，我主持了颁奖仪式并拍相留影。

刘扬三回忆手稿。筹建纪念馆时，为征集文物，他遍访名家及其后代，手稿中满是回忆，最终成功征集到詹天佑和京张铁路建设相关文物 1000 余件

一个人，从零开始

据刘扬三先生口述：“筹建詹天佑纪念馆是 1962 年，开始时只有我一个人，一件文物也没有，一切要从零开始。”

“筹备建馆过程中，我曾遍访多个关键机构，包括国家档案馆、明清史料整理处、北京图书馆及南京史料整理处等。我还与几位关键人物进行了访谈，其中最主要的人物是民国政府原交通总长叶恭绰。身为历史见证人，他亲历了清朝灭亡后，张勋企图扶持宣统皇帝复辟的事件，证实詹天佑当时拒绝接受张勋提出的交通大臣一职的决心。此外，通过与北京图书馆主编李希泌的交流，我对詹天佑先生的相关文献及其流传脉络有了更全面的了解和掌握。”

在“詹天佑先生诞生一百周年纪念会”期间，刘扬三看到了会场展示的詹天佑的几件遗物，见到了出席会议的詹天佑第五子詹文裕，掌握了詹天佑遗物的线索，也得到了保存遗物的詹家地址。1962 年 6 月，刘扬三带着铁路单位公函，以詹天佑纪念馆建馆者身份前往位于北京东城区麻线胡同的詹家宅院，拜访詹文裕。

“我来到詹家才得知，当年，詹文裕在北京出席‘詹天佑先生诞生一百周年纪念会’之后便过世了，”刘扬三对此感到惋惜，“那天，詹文裕夫人及其子詹同济接待了我。我说明来意，希望为将要建立的纪念馆征集詹天佑相关文物。交流之中，詹家后人表示绝对支持纪念馆的建立，同意献出詹天佑的全部遗物。这批征集到的詹天佑遗物有 100 余项 1000 余件套。这些文物种类丰富，断代有序。后来，北京铁路局代表铁道部向詹同济颁发了奖状，颁奖仪式在詹家举行。我主持了颁奖仪式，并拍照留影。”

詹同济同志献出文物清单

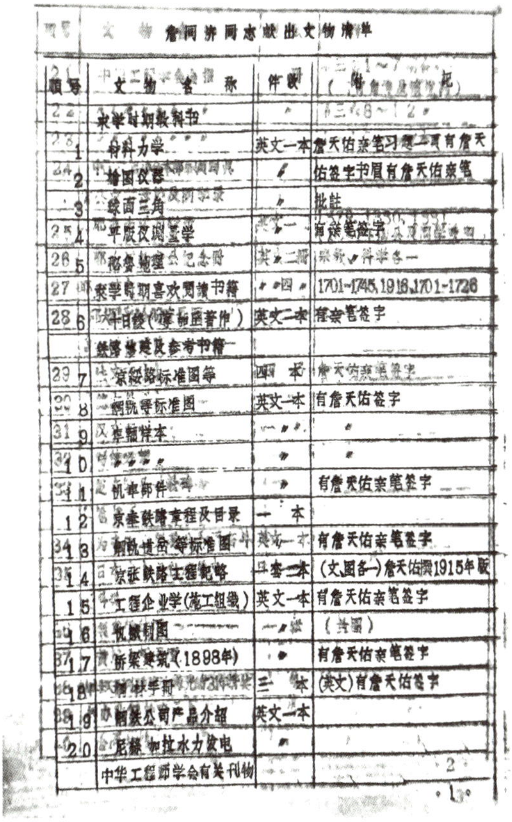

詹同济同志献出文物清单

顺号	文物名称	件数	附记
	求学时期教科书		
1	材料力学	英文一本	詹天佑亲笔习题一页有詹天
2	绘图仪器	〃	佑签字书眉有詹天佑亲笔
3	球面三角	〃	批註
4	平版仪测量学	〃	有亲笔签字
5	耶鲁毕业纪念册	英文二册	求教〃科学各一
	求学时期喜欢阅读书籍	〃四〃	1701-1745,1918,1701-1728
6	十日谈(薄伽丘著作)	英文一本	有亲笔签字
	铁路修建及参考书籍		
7	京绥路标准图等	四本	詹天佑亲笔签字
8	钢轨等标准图	英文一本	有詹天佑签字
9	汉粤轨样本	一〃〃	〃
10	〃〃〃	〃	〃
11	机车部件	〃	有詹天佑亲笔签字
12	京奉铁路章程及目录	一本	
13	钢轨道岔等标准图	英文一本	有詹天佑亲笔签字
14	京张铁路工程纪略	中文一本	(文、图各一)詹天佑撰1915年版
15	工程企业学(施工组织)	英文一本	有詹天佑亲笔签字
16	机械制图	一〃	(共图)
17	桥梁建筑(1888年)	〃	有詹天佑亲笔签字
18	钢铁手册	三本	(英文)有詹天佑签字
19	钢铁公司产品介绍	英文一本	
20	尼亚加拉水力发电	〃	
	中华工程师学会有关刊物		

2

·1·

詹家捐献的詹天佑遗物清单
（一份 5 张）

【征集时间】：1962 年

【遗物数量】：100 余项、1000 余件套

【征集人】：纪念馆筹建者刘扬三

【捐献人】：詹天佑嫡孙詹同济（詹天佑第五子詹文裕之子）

【地点】：北京市东城区东单麻线胡同 1 号

■ 詹同济捐献的詹天佑遗物清单

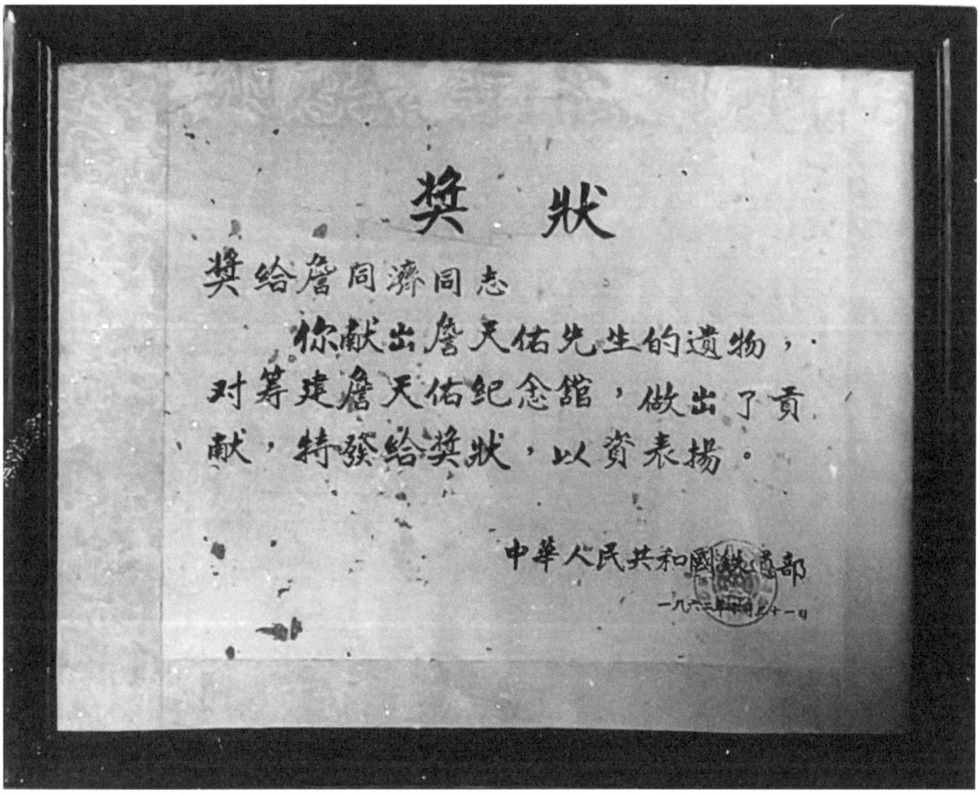

■ 铁道部颁给詹同济献出文物的奖状

■ 1962年10月31日，北京铁路局办公室主任言兆及纪念馆建馆负责人刘扬三，代表铁道部向詹天佑嫡孙詹同济颁发奖状和奖金（刘扬三拍摄）

■ 北京电视台记者蔡慎穆为颁奖仪式现场录像

刘扬三表示，文物是历史的见证、民族情感连接的纽带，具有重要的历史价值和精神意义。征集来的文物在学术价值、情感价值和社会价值上，对于文物的研究与利用具有多重意义。我们要充分发挥文物的价值，同时，我们也应高度重视文物征集工作的规范性和科学性，确保文物的真实性、完整性和安全性。

詹天佑遗物及相关铁路文物反映了特定时期的社会、政治、经济、文化等方面的重要事件和彼时中国铁路的发展状况，展现了中国文化传承、铁路科技的成就，为全面系统研究詹天佑人物，筹建纪念馆，出版詹天佑传略、展览图册，以及相关文艺创作提供了翔实的历史依据和丰富的内容，为历史研究提供了重要的实物资料，有助于现代人深入了解当时的人文风貌和科技发展状况。这批文物是詹天佑一生爱国奋进的实物见证，文物表达出的历史信息增强了观者的文化认同感和民族自豪感。文物的征集工作落实了“詹天佑先生诞生一百周年纪念会”提出的决议，为全面系统地研究中国铁路发展史、中国近代工程技术发展史、中华工程师学会组建史奠定了坚实基础。这些文物曾在青龙桥詹天佑纪念馆展出，现在八达岭詹天佑纪念馆保存并展出。

稀少珍贵、系统全面、形式丰富

刘扬三将这批文物评价为：稀少珍贵、主题直接、年代连续、系统全面、环节精粹、文物保真、形式丰富、数量可观。

征集来的文物可简略分为如下各类：

出生地、亲属、家谱；

留学具结、预备班及师长、留学幼童名录；

小学、中学、大学、校史、校景、教师、导师、校长、房东、同学录、纪念册、文具、学校作业、学校活动、教科书、文艺书、毕业论文、毕业证书；

回国后任教学堂、任职场所、同仁、官员；

任令状、聘书、委派札、札令；

奏折、报告、呈文、禀帖、手札；

执照、照会、电文；

会议记录、议案条文；

章程、制度、办法；

印章；

日记；

文章；

著作；

演说词；

建议书；

信函；

合同、股票；

中华工程师学会章程、会刊、会报；

会长证书；

绘图仪器、比例尺、计算尺、水平仪、经纬仪；

工程计划、工程设计、工程总结、工程纪略；

图纸、底图；

标准图、样本、手册；

通车纪实、通车纪念物；

嘉奖令、奖状、奖章、奖品、奖札；

照片、底片；

用具、模具；

书籍；

字画、碑帖；

寿联、寿屏；

自传、履历、传记；

服饰、绢扇；

遗嘱；

逝世医院、讣告、祭文、挽联、公祭灵堂、出殡、追悼会；

抚恤请呈、碑文；

纪念会；

邮品、明信片；

新闻报道；

报刊、剪报；

文艺作品。

以上分列的文物各具特质，内容丰富。以“照片、底片”一项为例，略做伸延，览其内涵（见后文“百年前镜头下的铁轨世界”）。

文物的研究与再利用

征集来的文物对于文物的研究与利用具有重要意义，体现在方方面面。

丰富博物馆馆藏。征集来的文物作为博物馆的藏品，能够丰富博物馆的馆藏资源，提升博物馆的展示和研究能力。通过文物的内涵，纪念馆可以更好地展示人物的光辉，让观众多层面地了解和感受铁路工程技术大军的攻坚壮举。

促进学术研究。文物是历史的重要见证。对征集来的文物进行研究，可以揭示中国科技历史的发展脉络、铁路的变迁，以及清末民初的社会风尚等方面的实况。这些研究成果对于历史学、考古学、工程学等学科的发展具有重要意义。

弘扬优秀传统文化。文物也是开展爱国主义教育的重要资源。文物承载着中华民族的优秀传统文化。对征集来的文物进行展示和传播，可以增强民族自信心，激发民众爱国热情，弘扬民族精神。

提高文物保护意识。文物征集工作有助于提高全社会的文物保护意识，促进文物的保护和传承。文物征集，可以让更多人了解文物的价值，从而更加重视文物保护工作。

促进地区文化产业发展。文物征集、研究和再利用可以带动地区文化产业的发展，为地区经济注入新的活力。博物馆可以成为旅游景点，带动旅游产业的发展；同时也可以推动文创产业的发展，为地区经济发展提供支持。

促进国际合作与交流。文物征集工作有助于促进国际的文化交流与合作。通过举办文物展览、开展文物研究等途径，可以增进各国人民之间的了解，加深友谊，促进文化多样性的发展。

入选“中国档案文献遗产工程”

自1962年詹天佑纪念馆首馆筹建开始，所征集的文物均有文物档案，入选了“中国档案文献遗产工程”，并参加了文物级别评审。根据《中国铁道博物馆文物藏品定级标准》，经鉴定评审，共57件套文物被确定为国家珍贵文物，其中，一级文物27件套，30件；二级文物24件套，25件；三级文物6件套，6件。这些珍贵文物已由北京市文物局确认备案，其中，一级文物档案报送国家文物局备案，被正式列入国家珍贵文物系列。《京张路工撮影》（上、下卷）是唯一一部完整记录京张铁路工程史迹全貌的影像资料，共收录10英寸历史照片184幅。2002年，《京张路工撮影》作为48件珍贵档案文献之一，入选“中国档案文献遗产工程”，并被载入首批《中国档案文献遗产名录》。

文物档案的建立，无疑对充实詹天佑人物及近代中国铁路发展历史文献、进一步认识近代中国铁路发展历程和保护铁路文化遗存都具有重要的意义。

文物档案的建立与管理：建立文物信息管理档案，征集总账与保管分类分账分别由两个部门管理，严格按制度执行，以确保文物得到安全有序的保管。

查阅报刊：多途径查找资料。翻阅《京报》《远东时报》《泰晤士报》等刊物，搜索获取詹天佑活动、相关技术领域时事报道，以全面充实文献。

翻译詹天佑英文日记、书信：翻译保存于北京图书馆善本室的詹天佑英文微缩胶片，以扩展档案编研深度。（刘扬三聘请北京铁路局退休工程师庄以临翻译。）

重点文物复制：委托中国革命博物馆对包括中华工程师学会、詹天佑会长一号证书在内的12件珍贵文物进行复制，将复制品作为纪念馆展览陈列品，以减少文物磨损，保护遗物和孤本原件。

建立照片资料库：有效整合影像资料，拍摄并留存影像资料依据。为便捷编研，在使用、研究、编辑中任意抽样，随时采样制作大片。对精选出的文物与重点影像，均逐一拍摄并对其底片进行存档。每张底片附照片两张，并附文字说明，外加一个封套保存。此类底片多达数百件。

这些复制底片是刘扬三在筹建詹天佑首馆初期委托北京王府井中国照相馆精工制成的。底片品质曝光准确、成像清晰，为研究詹天佑生平，筹建纪念馆，出版詹天佑传略，人物及铁路图册的编辑、展示和制片提供了随手可得的历史依据。

中华工程师学会第一号正会员证书

在詹天佑的遗物中，有一份中华工程师学会的重要文献，即1916年4月1日，中华工程师学会为第一任会长詹天佑颁发的第一号正会员证书。

关于这份珍贵文物的来历，刘扬三说："中华工程师学会第一号正会员证书，是我1962年筹建青龙桥第一个詹天佑纪念馆时，在詹天佑嫡孙詹同济处征集来的詹天佑遗物之一。这份文献见证了中华工程师学会的创立历程，并展现了詹天佑在其中发挥的关键作用。”

中华工程师学会成立之初，詹天佑被选为第一任会长。为了表彰他在工程领域的突出贡献，学会为他颁发了第一号正会员证书。这份证书不仅象征着詹天佑在学会中的崇高地位，更是对他一生辛勤工作的肯定。

“我认为这件文物非常独特和珍贵。所谓独特，一是格式独特，其他中华工程师学会会员证书都是统一格式，如柴俊畴、周琳的会员证书都是由会长詹天佑签发，只有詹天佑会长的正会员证书是独立格式，并且由全体 22 名学会理事联名签发；第二个独特之处在于证书编号为‘第一号’。所谓珍贵，在于这张证书浓缩了中国近代第一个科技学术团体的奋斗精神，是中国近代科技发展的历史见证。这份文献代表着中华工程师学会在中国工程师阶层发展史上的重要地位。中华工程师学会的成立，不仅为工程技术人员提供了一个交流学术、分享经验的平台，还激发了中国工程师为国家建设贡献力量的热情。”

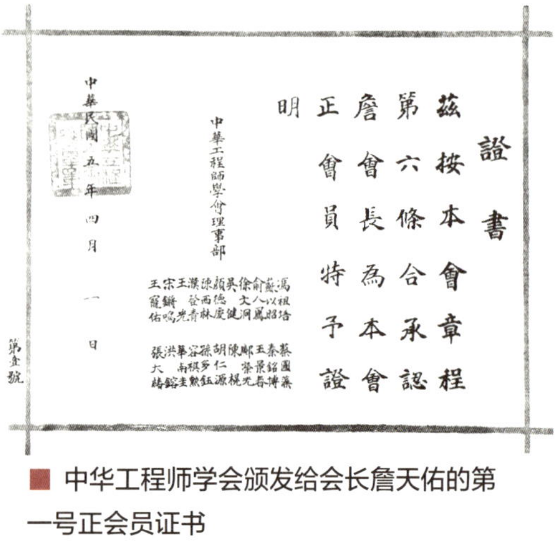

■ 中华工程师学会颁发给会长詹天佑的第一号正会员证书

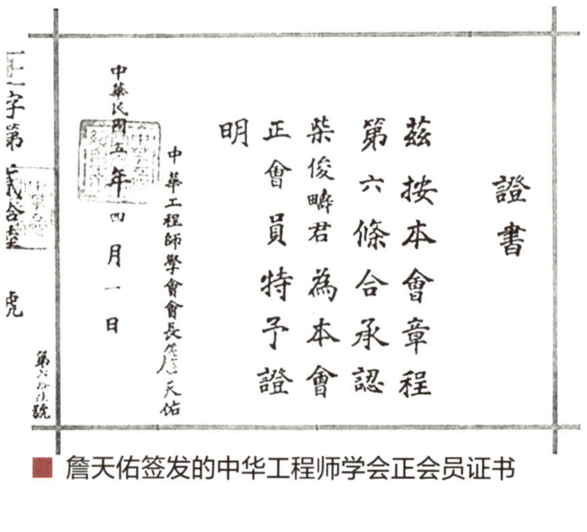

■ 詹天佑签发的中华工程师学会正会员证书

在中华工程师学会的推动下，中国工程师在铁路、水利、电力等领域取得了举世瞩目的成就。京张铁路等重要工程项目的顺利完成，彰显了我国工程师队伍的实力，反映了中国工程师阶层近代以来的发展历程，见证了他们为国家和民族作出的突出贡献。

“这份文献是我国工程技术史上的一份宝贵财富，值得我们深入研究和传承，属于中国科学发展史上当之无愧的珍贵档案。因此，我委托当时的中国革命博物馆做了 10 件复制品，以供展厅展览之用。1987 年，我在担任八达岭詹天佑纪念馆陈列总设计时，把这张珍贵的证书作为詹天佑重要历史文献，放在序幕厅展出。”

中华工程师学会以“发达工程事业，增进社会幸福”为宗旨，“以发扬学术为唯一之要图”，定期举办学术交流活动，出版刊物，设立专项奖金，鼓励学员撰写专业论文在学会会刊上发表。詹天佑更是积极创办会报、发展会员、出版专著，并建议政府奖励学会。为了鼓励青年工学家研究学术、交流经验，他还每年捐出奖金，悬奖征文。在詹天佑的领导下，中华工程师学会不断发展壮大，成为中国近代成立最早、人数最多、学术水平最高、影响最大的科技人员学术团体。詹天佑在临终时仍不忘嘱咐“振奋发扬工程师学会活动，以兴国阜民”，足见詹天佑对搭建学术平台、促进科技人才成长的重视。

百年前镜头下的铁轨世界

清末民初的中国，照相技术通常服务于皇亲国戚、达官使节，而用于铁路工程建造，并由政府专项拨款跟进工程纪实拍摄实属罕见。现代人得以睹见百年前京张铁路修建时的影像资料，就是依靠了照相技术——当年鲜活动人的画面在镜头中保存了下来，从而使我们得以领略京张铁路修筑之艰难历程和成功时的盛况。

1909 年京张铁路建成后，詹天佑将京张铁路修筑的缘起、经过、经验、意义写成专著《京张铁路工程纪略》及《京张铁路工程纪略（附图）》共两册。这份珍贵史料的内容涉及勘测调查报告、修筑办法、施工规划、配套设施等，并都附有工程图，为今后中国铁路建设提供了经验，也是百年前中国人奋发图强的写照。整部著作约 86 000 字，在中国工程技术史中具有重要的地位。该著作由詹天佑捐助印刷费用，由中华工程师学会出版。

为纪念修建京张铁路这一创举，清政府拨专款让詹天佑委托上海同生照相馆跟踪拍摄并制作了反映京张铁路全线车站、线路、机车等情况及通车庆典盛况的摄影图册《京张路工撮影》。照片构图精致，以500万像素的影像，记录了修建京张铁路的过程及建成后的庆典场面。

如果说《京张铁路工程纪略》是记录这段特殊史迹的重要文献，那么《京张路工撮影》对影像的留存，使我们有幸看到百年前有关京张铁路的许多直观画面。

《京张路工撮影》分上、下两卷，共收录大幅十英寸历史照片 184 张。该摄影图册完整记录了京张铁路工程史迹全貌，见证了中国人民自强不息的伟大民族精神。2003 年，《京张路工撮影》被“中国档案文献遗产工程”国家咨询委员会列入《中国档案文献遗产名录》，成为入选该名录的首批 48 件（套）档案文献之一；2012 年被定级为国家一级文物。

《京张路工撮影》（上、下卷）照片数据

办公场所、厂房、附属设施 12 幅

车站及附属设施 30 幅

机车车辆 21 幅

桥涵 62 幅

人物 5 幅

隧道 9 幅

通车典礼 19 幅

通车典礼合影 6 幅

线路 20 幅

■《京张路工撮影》（上、下卷）

《京张路工撮影》中机车影像

32
P. M. B. L.
播德威機車

摩格爾機車

■《京张路工撮影》中通车典礼影像（京张铁路通车南口庆典会场）

南口通车典礼

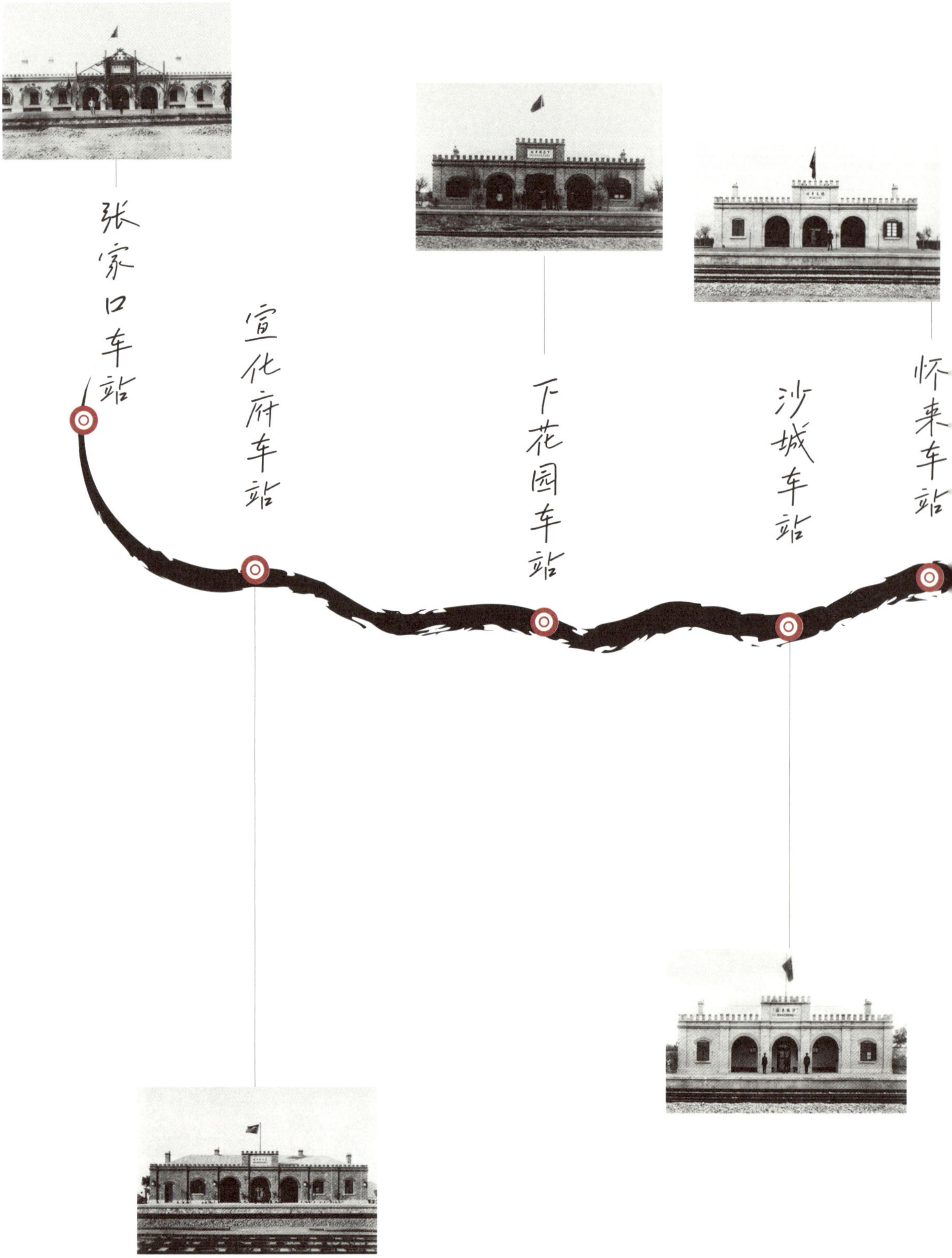
张家口车站
宣化府车站
下花园车站
沙城车站
怀来车站

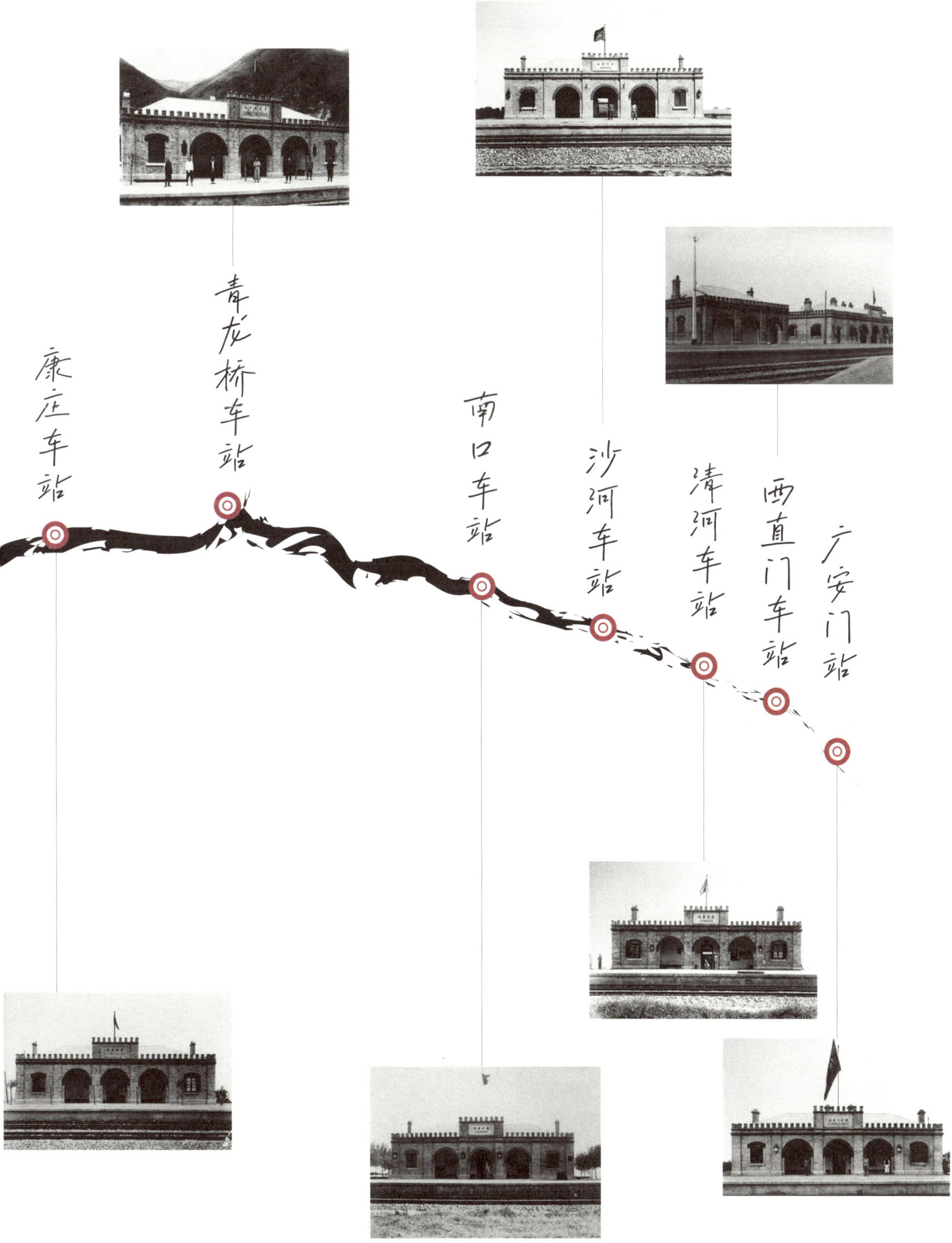

京张铁路途经各站图

一张与詹天佑纪念馆同存的图书借条

1962 年，青龙桥詹天佑纪念馆筹建者刘扬三在进行名人访谈与文物征集过程中，有这样一段回忆：“1962 年四五月份，我曾在北京琉璃厂中国书店楼上内部书库发现一册《京张路工撮影》，如获至宝，当即购买下来。随后在采访铁道部铁道科学研究院时，又在该院图书馆内发现了《京张路工撮影》的另一册，和之前在中国书店购买的那一册，正好凑成一套（上、下卷）。我想如能调借过来，京张路全貌的照片就完整了，这将对筹建詹天佑纪念馆起到极大作用。

“1962 年 5 月 14 日，我带着北京铁路局的介绍信到铁道部科学研究院图书馆去调借这本书，我跟他们说：‘你们有一册，我们也有一册，都配不成一套，希望你们把这本书借给我们，凑成一套，作为筹建詹天佑纪念馆之用。’铁道部科学研究院图书馆的主管领导对此很支持，后来经过协商，他们同意我们长期借用，并由我写一个借条，署名刘扬三。借条由铁道部科学研究院图书馆保存。借条和借据中注明同意长期借用，以纪念馆停办时为止。也就是说，我立下的这张图书借条将与詹天佑纪念馆同存了。

“《京张路工撮影》上、下两卷合集后，我委托中国照相馆翻拍制作成底片，为今后编辑、展览提供方便。青龙桥詹天佑纪念馆和八达岭詹天佑纪念馆展出的相关照片都是由这些底板洗印而成。”

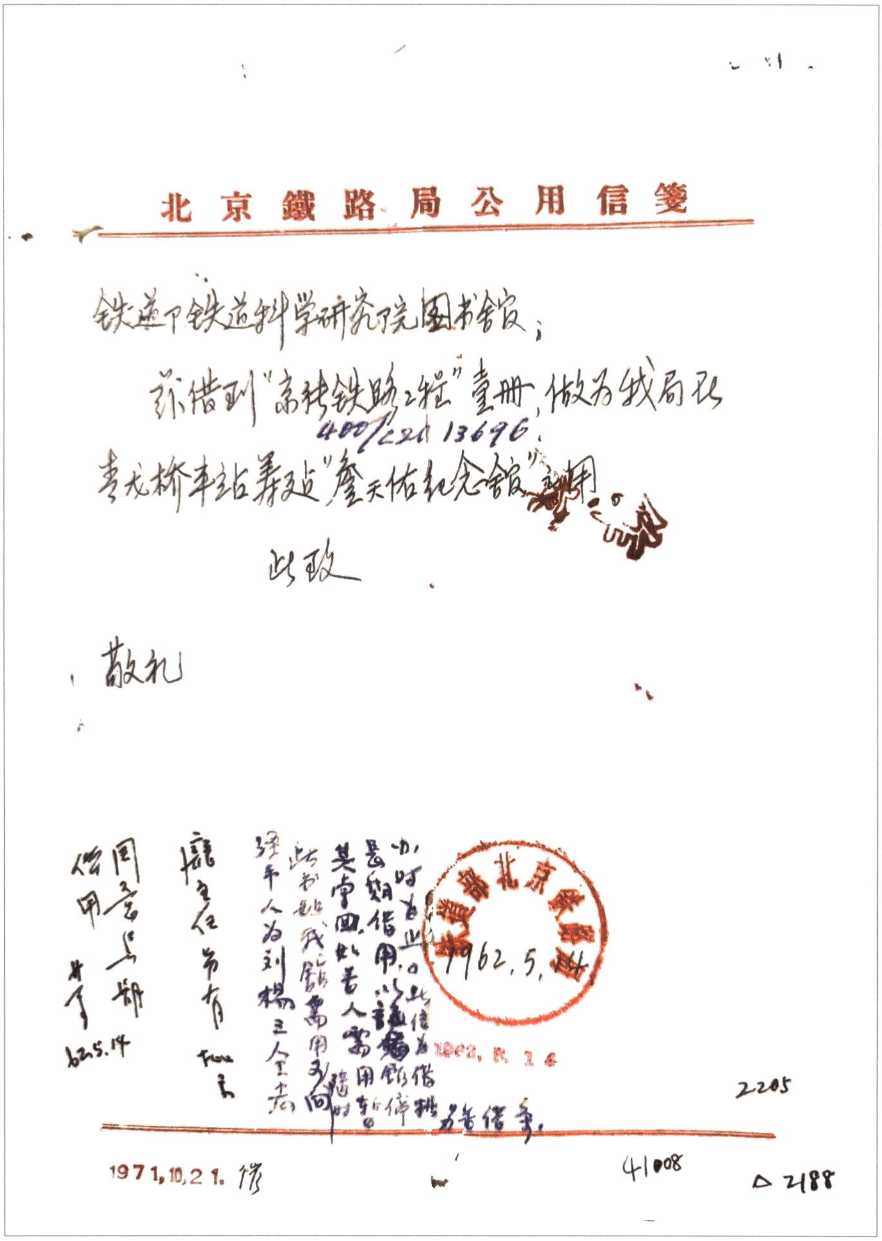
北京鐵路局公用信箋

铁道部铁道科学研究院图书馆：

兹借到"京张铁路工程"壹册，做为我局北

400/C20 13696

青龙桥车站筹建"詹天佑纪念馆"之用

此致

敬礼

1962.5.14

62.5.14

2205

1971.10.21.

41008

△2188

■ 1962 年《京张路工撮影》借据

建馆：百年老站的变迁

刘扬三说：“在百年工业遗址上建馆办展，目的是用展览唤醒那些渐行渐远的故事，让生活在过去的人物故事得以传承，成为永恒的历史记忆。”

习近平总书记在参观北京历史文化展览时强调，搞历史博物展览，为的是见证历史、以史鉴今、启迪后人。要在展览的同时高度重视修史修志，让文物说话，把历史智慧告诉人们，激发我们的民族自豪感和自信心，坚定全体人民振兴中华、实现中国梦的信心和决心。

青龙桥车站位于北京市八达岭京张铁路线上，是中国铁路史上具有重要意义的一个火车站点，拥有悠久的历史和丰富的文化底蕴。青龙桥火车站因青龙桥村而得名。传说，一次山洪冲来一块青石横跨山涧，村民就以青石当桥来往通行，取名“青龙桥”，并以此命名了村名和车站。

青龙桥车站于 1908 年正式投入使用，建设标准为三等车站，站房长 19.69 米、宽 15.62 米、高 4.01 米。站房正中央上方书写站名匾。随着时间的推移，青龙桥车站的重要性逐渐凸显。特别是在辛亥革命后，我国铁路事业开始蓬勃发展，青龙桥车站成为重要的交通枢纽。为了纪念我国铁路事业的奠基人詹天佑，车站内还设立了詹天佑铜像及碑亭。这座车站依旧保留了百年前的运营方式，所有列车都要在这里短暂停靠，沿人字形铁路折返继续前行。车站内的历史遗迹和珍贵文物得到了妥善保护和展示。据车站站长杨存信介绍，在 20 世纪 90 年代后，

■ 青龙桥车站的前世今生

青龙桥车站改为四等车站；2008 年，车站被首都博物馆确定为中国近代工业遗产；2013 年，被国务院定为第七批全国重点文物保护单位。这座车站见证了我国铁路事业的辉煌历程，也成为后人了解和研究我国铁路历史的重要窗口。

如今的青龙桥车站已经从一个三等车站发展为爱国主义教育基地、全国关心下一代党史国史教育基地。车站敞开大门，迎接公众的到来，让更多的人能够近距离感受我国工业发展的历程。在未来的日子里，青龙桥车站将继续发挥其教育作用，传承我国工业文明。

开馆：青龙桥车站时光重塑

■ 1962 年，远离市区的老车站迎来了光辉时刻，詹天佑纪念馆在青龙桥车站隆重开馆。昔日的站房门牌上挂有“詹天佑纪念馆”馆牌，它门迎火车站台，与候车室右侧的“詹公天佑之象”同在一条水平线上，左右呼应，位置格外醒目

展馆分隔为左、中、右三个展厅，中厅设有入口和出口两个大门，馆外悬挂“詹天佑纪念馆”横式馆匾。纪念馆进门中厅正面设计为序幕墙，正中陈列着主人公詹天佑的胸像，塑像背景悬挂巨幅主题国画《燕山秋宵图》。此画为侯及名所作。

展厅内部所展内容分为 12 个部分，展出展品 200 余件套。

1962 年 11 月 5 日，詹天佑纪念馆建成开馆。北京铁路局领导主持开馆仪式。北京广播电台专访詹天佑纪念馆筹建负责人及总设计刘扬三，相关新闻单位相继做出报道。

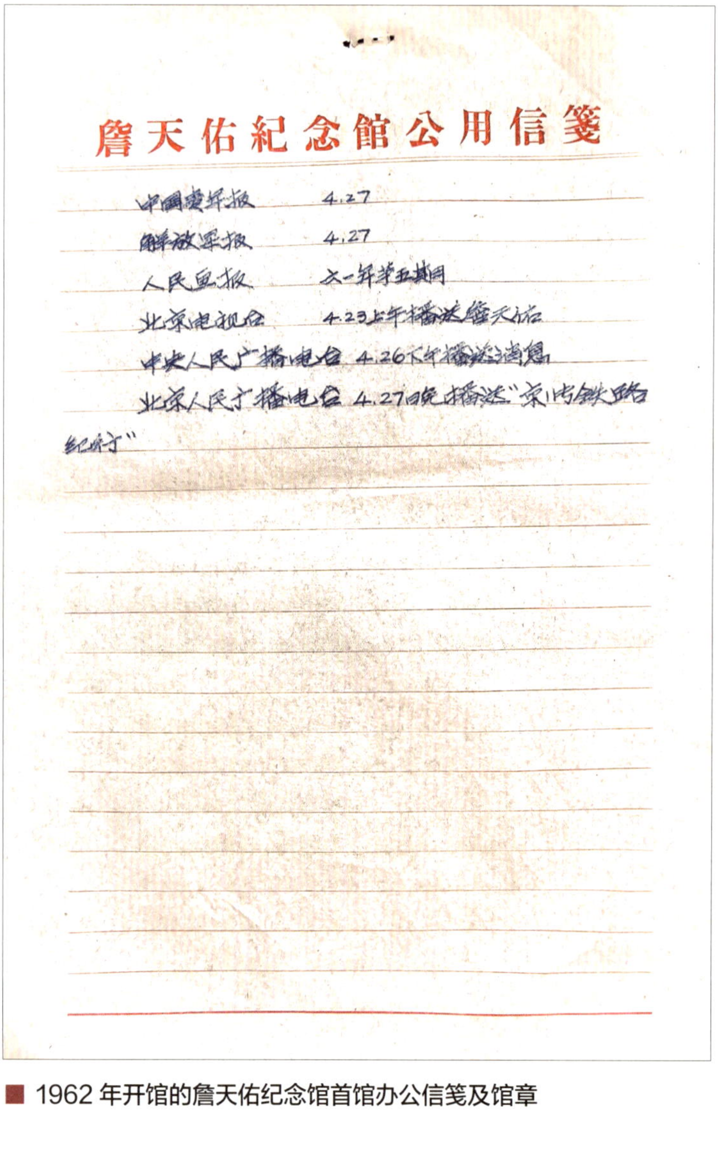

詹天佑紀念館公用信箋

中國青年报　　4.27

解放军报　　4.27

人民画报　　六一年第五期

北京电视台　　4.23上午播送詹天佑

中央人民广播电台　4.26下午播送消息

北京人民广播电台　4.27晚播送“京张铁路纪行”

■ 1962 年开馆的詹天佑纪念馆首馆办公信笺及馆章

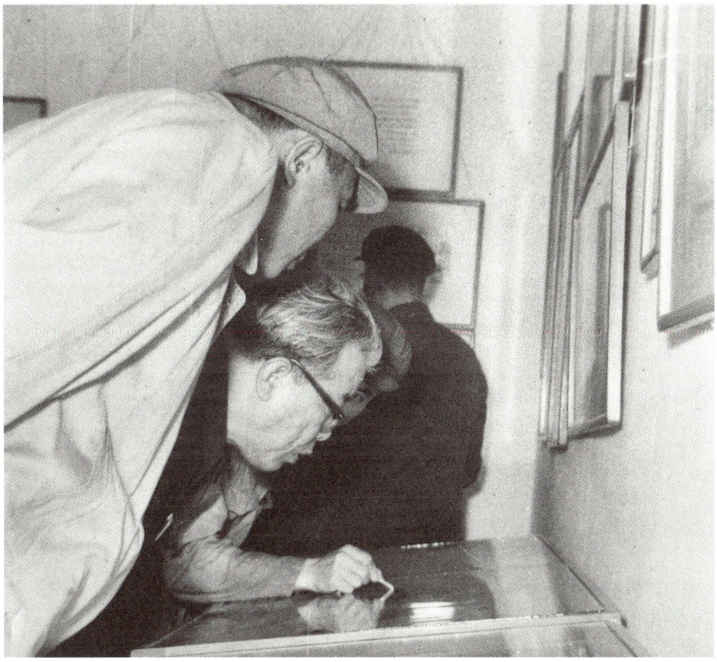

刘扬三为铁道部副部长武竞天介绍文物展品

铁道部副部长钱应麟观看展览

刘扬三为北京市委宣传部罗部长介绍展览

铁道部副部长余光生参观展览

■ 刘扬三为北京铁路局领导讲述詹天佑的故事和京张铁路历史

■ 1962 年，在纪念馆前留影的北京铁路局相关领导（后排右一为刘扬三）

■ 1962 年，詹天佑后代参观青龙桥詹天佑纪念馆后在馆前留影

1963年4月，铁道部批示在青龙桥车站扩建詹天佑纪念馆。铁道部计划局要求北京铁路局立即动工，限1964年交付使用。

根据铁道部计建(63)字第4663号文件批示，扩建新馆筹备处成立。

青龙桥詹天佑纪念馆的建成，在社会上产生了深远影响。在各界的支持下，新馆扩建得到有关部门的重视，更得到国家主管部门的赞誉和批示。国家计划委员会为修建詹天佑纪念馆一事，专门派工作组带着“为什么现在要修建这样一个纪念馆”“能不能不扩建或推迟几年再扩建”的疑问前往青龙桥考察。在参观视察纪念馆展览之后，共同表示称赞并作出批示：一，有必要立即修建这样一个纪念馆；二，建馆地点选在青龙桥不尽适宜，应迁往北京；三，十万元投资肯定不够，铁道部应追加投资金额。

全国科协和北京市委领导对筹建新馆极其重视。

在馆址地点的选择上，各界各抒己见，全国科协认为应建在北京原中华工程师学会的故址——西单报子街 76 号。

对于这个问题，刘扬三表态：“我们考察过学会旧址，也拜访过中国土木工程学会理事长茅以升，他表示同意，并为建馆一事亲自找到北京市委领导万里，希望在此建馆。副市长万里对此表示关心和支持，指示市规划局批准在此地建馆（原规划局不同意）。”

因涉及远期规划，报子街将来是拆迁区，铁道部才没有同意这一方案，并开始在北京寻找更合适的建馆地点。此后，就一直忙于在北京选择馆址，因涉及面广，一时不能定下来。

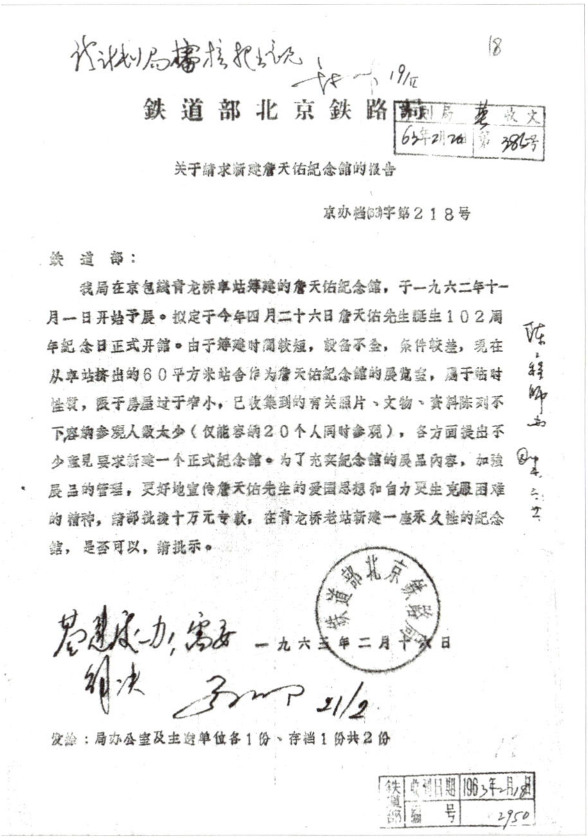

铁道部北京铁路局

关于请求新建詹天佑纪念馆的报告

京办档(63)字第218号

铁道部：

我局在京包线青龙桥车站筹建的詹天佑纪念馆，于一九六二年十一月一日开始予展。拟定于今年四月二十六日詹天佑先生诞生102周年纪念日正式开馆。由于筹建时间较短，设备不全，条件较差，现在从车站挤出的60平方米站舍作为詹天佑纪念馆的展览室，属于临时性质，既于房屋过于窄小，已收集到的有关照片、文物、资料陈列不下容纳参观人数太少（仅能容纳20个人同时参观），各方面提出不少意见要求新建一个正式纪念馆。为了充实纪念馆的展品内容，加强展品的管理，更好地宣传詹天佑先生的爱国思想和自力更生克服困难的精神，请部批拨十万元专款，在青龙桥老站新建一座永久性的纪念馆，是否可以，请批示。

一九六三年二月十[illegible]日

发送：局办公室及主送单位各1份、存档1份共2份

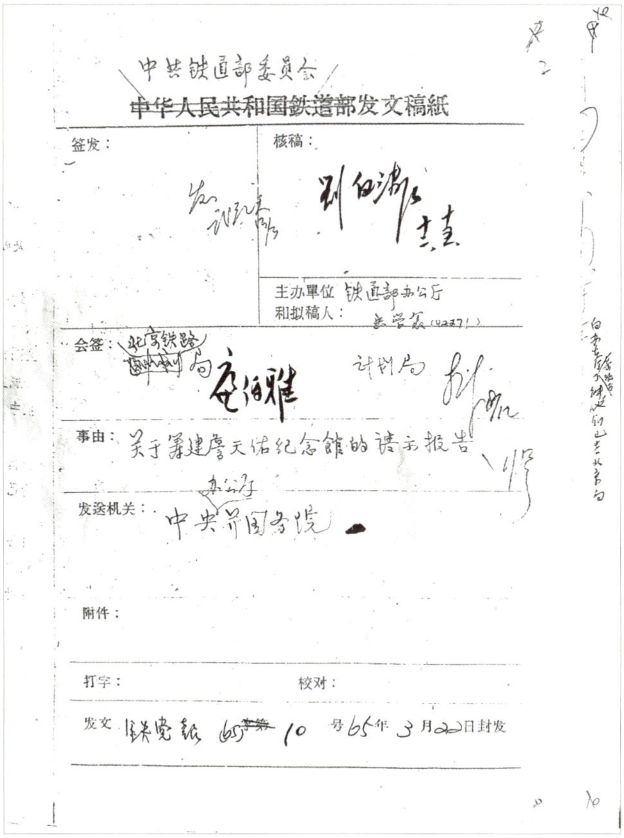

中共铁道部委员会

~~中华人民共和国铁道部~~发文稿纸

签发：

核稿：

主办单位 铁道部办公厅

和拟稿人：

会签：

事由：关于筹建詹天佑纪念馆的请示报告

发送机关：中央并国务院

附件：

打字：　　校对：

发文 铁党 字 65 号 65年3月22日封发

■ 关于筹建詹天佑纪念馆的请示报告

1966 年，撤馆之文物移交脉络

1966 年 7 月，铁道部下令停止扩建新馆工作；同月 13 日，北京铁路局下令撤销詹天佑纪念馆组织机构。撤馆时，严格按照本馆文物建档时两本账制度，即依据征集部门负责人保存的进项总账与保管部门负责人保存的分类保管分账进行比对。保管文物资料核对无误后，纪念馆文物保管人胡国挽与馆长田芝增签字后移交给北京铁路分局档案室主任张树森和档案员焦木坤，由他二人签收。至此，詹天佑纪念馆全部文物由北京铁路分局档案室归档保管。

1966—1984 年，这批文物发生了“失而复得”“核对归档”的曲折故事。在铁道部重建八达岭新馆、接管这批文物时又发生了文物消失复再现的离奇事件。

失而复得的珐琅座钟

关于这个珐琅座钟，刘扬三讲述了一段失而复得的故事。

“珐琅座钟是我于 1962 年亲自征集来的第一批 1000 余件套文物中的一件，是詹天佑的遗物，由他的嫡孙詹同济捐赠。这批文物由詹天佑纪念馆建档、馆藏。1962 年 11 月，詹天佑纪念馆建成开馆，由于场馆面积有限，只展出了文物照片，珐琅座钟实物未曾展出。”

珐琅座钟为计时工具，原为欧洲进贡皇宫的物件，制作工艺精美，后来由慈禧太后亲赐詹天佑。1903 年 3 月新易铁路竣工，清政府奖励了为承造新易铁路出力的人员，以“候选同知詹天佑曾在外洋学习工程专门多年，为中国工程中杰出之才。此次承修路工，正值隆冬天气，

这座珐琅座钟陪伴詹天佑多年，直至他去世

该员不避艰辛，督率各匠役勤奋趋事，得以迅速竣工，而用费亦极节省，实属异常出力”，不仅升詹天佑为选用知府，还对出力承修路工人员及承修行官人员等均奖励提升。慈禧赏赐了火车司机黄马褂、花翎等，车上一切摆设则赏赐给詹天佑。詹天佑认为此路建成，皆为筑路人员众人之功，便把奖赏分给筑路人员，只取了其中珐琅座钟留作建成此路的纪念。

“1966 年，詹天佑纪念馆机构被撤销，文物库房由北京铁路分局档案室接管，包括全部文物及文物档案。1967 年 5 月 1 日夜里，文物库房门锁被撬，库房门敞开，库房内存放的文物全部消失。负责保管文物的北京铁路分局档案室也不知文物去向。此后这批文物下落众人不得而知。

“一天，高校派人找到我，告诉我一则消息，震惊之外，让我分外欣喜，因为他们说詹天佑的全部文物和史料都在北京铁道学院处。由于文物种类太多，账目和文物对不上号，需要专家来指导鉴定，恳请我帮忙核对、整理。我正惦记着这批文物到哪里去了，有没有损坏。作为文物征集人，我欣然同意前往鉴定、整理。他们带我来到一间教室，我终于见到了当年一夜之间消失的文物，按照文物账本立刻开始工作。经过核对，这些文物尚无缺失，我很庆幸。整理结束后，由于担心这些珍贵文物再次出现意外，我恳切地向他们提出两点希望：一是希望他们妥善使用，安全保管；二是希望用毕之后完整送回文物保管部门。后来，这批从文物库房被运走的文物被送回北京铁路分局。

“1970 年 2 月，铁路分局通知我加入三人文物核对组，对这批文物进行整理，按文物账本进行核实。核对的结果是全部文物中有一件缺失，这一件文物就是珐琅座钟。

“三人小组提交了一个文物核对结果报告，并建议追回这个丢失的珐琅座钟。此后，我一直关注文物的消息。某天，忽然有人主动把这个珐琅座钟送到了北京铁路分局传达室。至此，这个重要文物‘失而复得’，由档案室归档、保管。在那个年代，文物能够返回没有丢失，也算是幸事了，对送回这件文物的人也就没有再追究。”

时光荏苒，1984 年，刘扬三再次担任詹天佑纪念馆的陈列总设计，八达岭新建纪念馆陈列面积有 1000 多平方米，按照他的构思，展陈空间被划分为瞻仰厅、序幕厅和陈列厅。这座珐琅座钟被陈列在第一展厅。1987 年新馆开馆，珐琅座钟首次向观众展示。

经纬仪的由来与去向

经纬仪在京张铁路工程中具有极重要的作用。在挖掘坚硬的八达岭隧道时，为了节省工期，詹天佑指挥工程队伍同时从多端向对面凿进，直至隧道对接凿通。这个办法的关键点在于两端开凿的工作线路不能有误差，这就要依靠经纬仪校正误差，使两端洞口准确无误地衔接。

关于詹天佑遗物经纬仪的由来去向，有一些细节值得一提。

刘扬三回忆道：“1962 年，我主持筹建青龙桥詹天佑纪念馆时，从一次专访中得知，中国革命博物馆保存有詹天佑修建京张铁路时用的经纬仪。我想，这件文物如果能在詹天佑纪念馆展出，其文物价值更能充分发挥。于是我提出长期借调的想法。中国革命博物馆的领导也

詹天佑使用过的经纬仪

表示认可和支持。他们同意由我签署一个长期借用经纬仪的借条。之后，我亲自把这个经纬仪带回詹天佑纪念馆，交给保管部门入档保管。同时，我还委托位于北京王府井的中国照相馆为经纬仪以及经过挑选的其他数百件套重点文物拍摄底片。然后将底片和两张照片，再附文字说明，作为一个封套，建成馆藏文物'照片库'，为编研、展示的使用提供方便。1966 年 7 月，北京铁路局下令撤销詹天佑纪念馆组织机构，把全部文物移交给北京铁路分局档案室。当时我想，既然纪念馆机构被撤销，那么经我签署借条借来的这件珍贵的文物经纬仪，如果更换保管单位，稍有闪失，责任重大，由签署人及时返还原属保管单位才最妥当。于是在撤馆同期，我把经纬仪亲自送回中国革命博物馆，也就是现在的中国国家博物馆。”

叁

|纪实篇|

“詹公天佑之象”修复与重立纪实

“镜以淬而日明，钢以炼而益坚”，“詹公天佑之象”历经百年风雨，仍在见证着中国铁路从蹒跚起步到领跑世界的光辉历程。

■ 1922 年，青龙桥车站詹天佑铜像揭幕。原定为詹天佑建祠立像，但因无先例，所以，只在铜像一侧建立碑亭，由民国大总统徐世昌撰写碑文。铜像名为“詹公天佑之象”

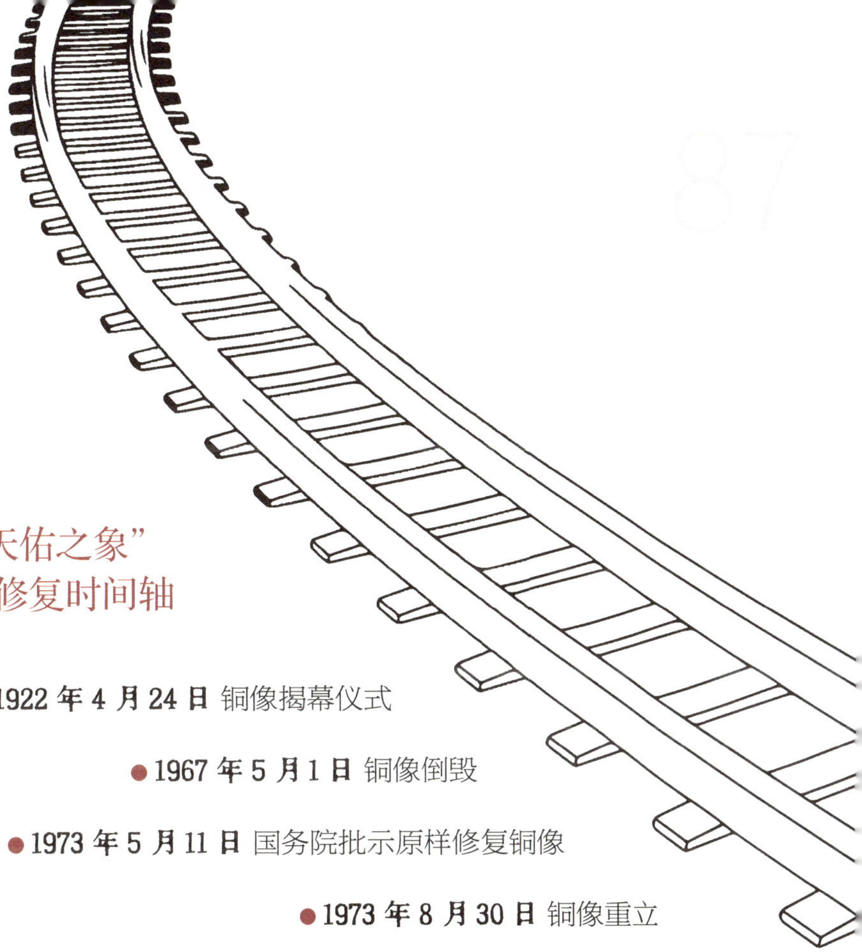

“詹公天佑之象”
建成及修复时间轴

- **1922 年 4 月 24 日** 铜像揭幕仪式
- **1967 年 5 月 1 日** 铜像倒毁
- **1973 年 5 月 11 日** 国务院批示原样修复铜像
- **1973 年 8 月 30 日** 铜像重立

铜像从揭幕到倒毁

1967 年 5 月 1 日，一群戴着红袖章的大学生来到青龙桥车站，他们在詹天佑铜像基座上张贴“严正声明”和“打倒资产阶级反动权威”的条幅，继而采用了特别手段，用绳索套住铜像颈部，强行将铜像拉倒。铜像落地后出现多处严重损坏。当时来者执意要用汽车把铜像拉走化铜，在车站工人极力劝阻保护下，被毁的全身立像得以被拉回站房，经车站工人多方设法保存，才没有被销毁。

■ 曾经的铜像只留下破旧的基座，残留着“詹公天佑之象”六个楷书凹字矗立在青龙桥车站上，景象异常沧桑

詹天佑铜像修复与重立过程

国家文物局原局长王冶秋在《难忘的记忆》（刊登于 1978 年 7 月 30 日《人民日报》）一文中提到：“地处八达岭游览区的青龙桥车站，既是客货运车站，又是国际列车停车站，在此下车游览的人群中常有旅客和外宾对着残破的基座询问詹天佑铜像去向。周恩来总理闻知后，气愤地说：‘那是中国人的光荣，定要修复。’”

1972 年，交通部向国务院申请修复詹天佑铜像。

1973 年 5 月 11 日，国务院批示同意原样修复詹天佑铜像。

1973 年 5 月 22 日，北京铁路局政治部给相关单位下发通知。

1973 年 6 月 10 日，根据国务院“原样修复詹天佑铜像”的批示精神，北京铁路局政治部决定指派北京铁路分局办公室的刘扬三负责主持青龙桥詹天佑铜像的修复与重立工程。

为了详细了解铜像的破损情况，当天，刘扬三陪同北京铁路局政治部主任武运泽，北京铁路分局政治部主任田德敖、政治部宣传部部长戎鉴及北京铁路分局西直门地区、南口车务段基层相关人员，赴京张铁路青龙桥车站进行实地勘察。通过这次实地勘察，他们对铜像的破损情况有了更详细了解，为后续的修复工作奠定了基础。

1973 年 7 月 27 日，刘扬三提交的铜像修复与重立方案报告获批准。

1973 年 8 月 2 日，北京铁路分局政治部根据北京铁路局京革计（73）第 520 号（批示）文件召开会议，传达国务院批示精神，向各参修单位下达任务，要求 9 月上旬全部完工。会议确定刘扬三专职主持铜像修复与重立工程，并担任工程总调度和艺术指导，北京建筑雕塑工厂雕塑师谢家声为铜像修复顾问。

交　通　部　（请示）

(1972)交政字169号

关于修复詹天佑铜像的请示

国务院：

一九一九年，平绥铁路同人会、中华工程师学会，为了纪念詹天佑在中国铁路建设事业上的贡献，于京张铁路青龙桥车站建造了詹天佑的全身铜像，并且立了石碑。多年来经常有国内外旅客、游客前往参观或摄影留念。

一九六七年五月，北京铁道学院学生去该站破“四旧”，将铜像拉倒。现仍留有两米多高的底座，并有“詹公天佑之像”的字样。铜像头部已破损（尚可修复），现在车站保存。

青龙桥车站地处“八达岭”游览区，又是国际列车停车站，经常有外宾参观，曾有外宾问及铜像的去向，为此需要对之进行适当处理。

詹天佑虽系清末官吏，但一生主要致力于铁路建设，对我国早期交通运输事业有一定贡献。在政治上，詹天佑既有资产阶级民主革命思想，不满清朝的腐败，反对帝国主义的侵略，拥护辛亥革命，又有改良主义的色彩，是一个具有爱国思想的资产阶级知识分子。鉴于詹天佑的事迹数十年来国内外传闻较广，而且铜像、碑石是历史遗物，我们意见按照原样修复。

以上当否，请批示。

一九七二年一月二十九日

交通部关于修复詹天佑铜像的请示原文

交通部政治部

(73)交政宣字614号

关于处理詹天佑铜像问题的批复

北京铁路局政治部：

交通部根据北京铁路局革命委员会一九七二年一月三日关于处理青龙桥车站被损坏的詹天佑铜像的请示报告，于一九七二年一月二十九日向国务院请示，建议对詹天佑的铜像按照原样修复，国务院于一九七三年五月十一日批示：同意。现将交通部《关于修复詹天佑铜像的请示》抄给你们。

一九七三年五月十九日

■ 交通部政治部关于处理詹天佑铜像问题的批复

北京铁路局政治部（通知）

转发交通部《关于处理

詹天佑铜像问题的批复》的通知

京铁政(73)字第１５号

各分局政治部、基建处、公安处、工电大修段、直属机关政治处，党校党委，西直门地区党委，南口中心站党委：

根据北京分局革命委员会一九七一年十二月廿三日《关于处理詹天佑铜像的请示报告》，我们于去年一月三日向交通部作了请示。交通部政治部于一九七三年五月十九日对处理詹天佑铜像问题作了批复，现转发给你们。

关于对詹天佑铜像按照原样修复一事，路局已有安排。

一九七三年五月二十二日

报送：中共北京市委工交组、宣传组，北京市革委会外事组，交通部政治部

抄送：路局办公室、客运处

发给：政治部各处、室、报社、团委、工会筹备小组、援外办公室

北京铁路局政治部转发交通部《关于处理詹天佑铜像问题的批复》的通知

铜像修复与重立工程的关键信息

工程分工如下：

北京铁路分局车辆段负责铜像破损部位矫正复位、翻模、焊接、修磨、做旧和铜像复位安装工作（工长李振海）。

北京建筑雕塑工厂承担铜像座基“詹公天佑之象”石板刻字工作。

北京铁路分局建筑段承担铜像座基石板镶嵌、修复工作，配合铜像吊装复位（工长付岳）。

北京铁路分局调度所负责往返青龙桥车站相关铁道车辆的安排与调度。

南口车务段、青龙桥车站、北京铁路分局车辆段和建筑段协调铜像离站返站相关事宜。

詹天佑铜像的修复经历了怎样的过程？我从刘扬三的铜像修复与重立工作笔记中找到了答案。

刘扬三在 1973 年对詹天佑铜像的损毁程度进行了详细的实考数据记录，具体如下：

铜像全身高度：2.4 米。

铜像头部与脖子向左侧后倾斜 3~4 度。

破损情况：前额脑门偏右有一个不规则的破损窟窿，直径为 14~16 厘米；后脑位置有一个窟窿，直径为 6~8 厘米；脖子后部正中有一条裂缝，延伸至后背，长度为 40 厘米；铜像头部与脖子虽然勉强连接，但后左肩有横向破损，面积大小约为 12 厘米 ×4 厘米。

基托板和基座状况：铜质基托整体断裂缺失；铜像的水泥基座破旧，上方右侧基台有残缺；座基上“詹公天佑之象”的凹槽字体局部出现了风化现象。

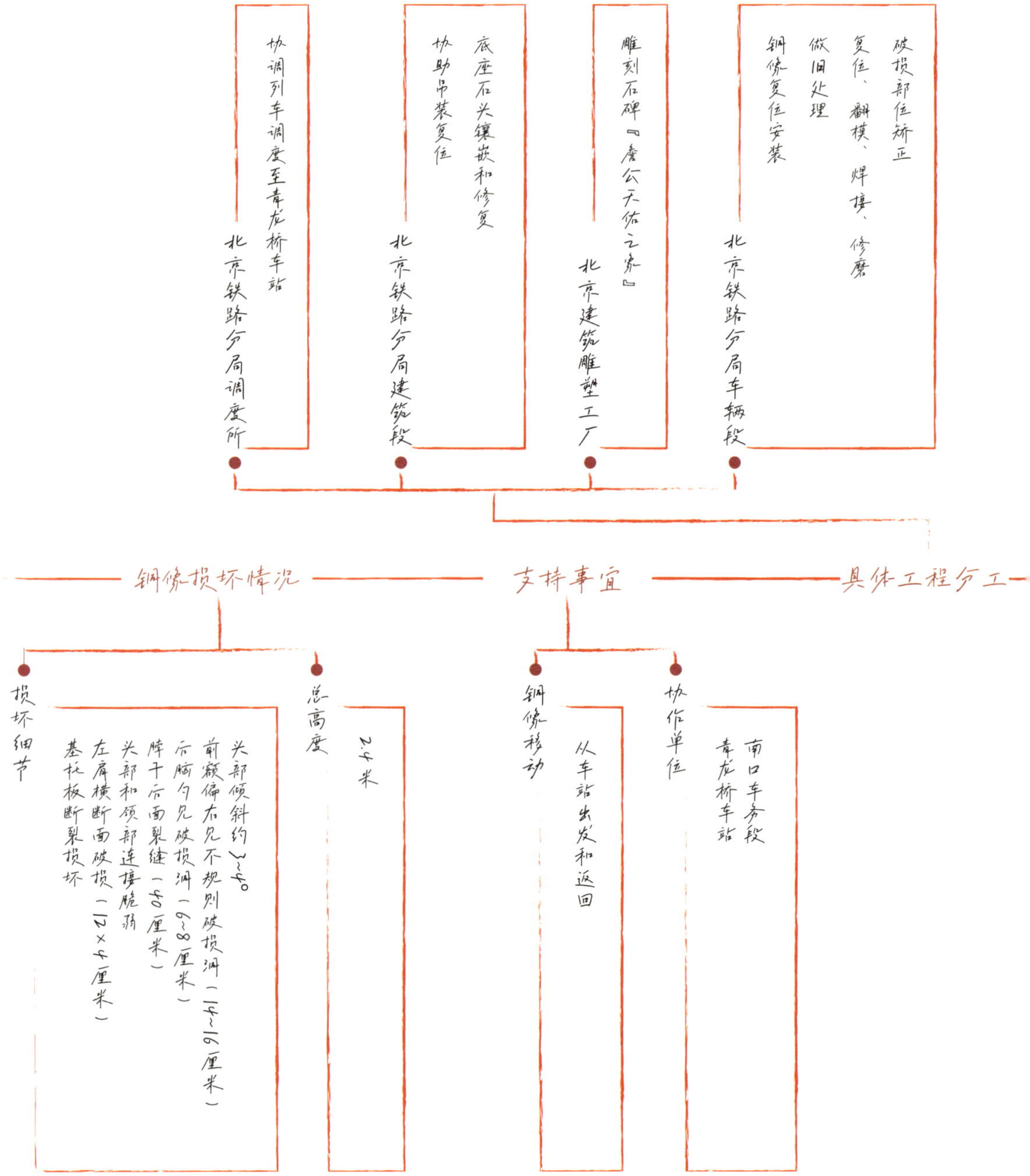
铜像损坏情况
支持事宜
具体工程分工
北京铁路分局车辆段
破损部位矫正
复位、翻模、焊接、修磨
做旧处理
铜像复位安装
北京建筑雕塑工厂
雕刻石碑『詹公天佑之象』
北京铁路分局建筑段
底座石头镶嵌和修复
协助吊装复位
北京铁路分局调度所
协调列车调度至青龙桥车站
损坏细节
头部倾斜约3~4°
前额偏右见不规则破损洞（14~16厘米）
后脑勺见破损洞（6~8厘米）
脖子后面裂缝（40厘米）
头部和颈部连接脆弱
左肩横断面破损（12×4厘米）
基托板断裂损坏
总高度
2.4米
铜像移动
从车站出发和返回
协作单位
南口车务段
青龙桥车站

这些数据记录展示了铜像修复前的具体损毁情况，为修复工作提供了重要的参考依据。

刘扬三手稿中还写道：“整体破损程度相当严重，景象尽显沧桑。”

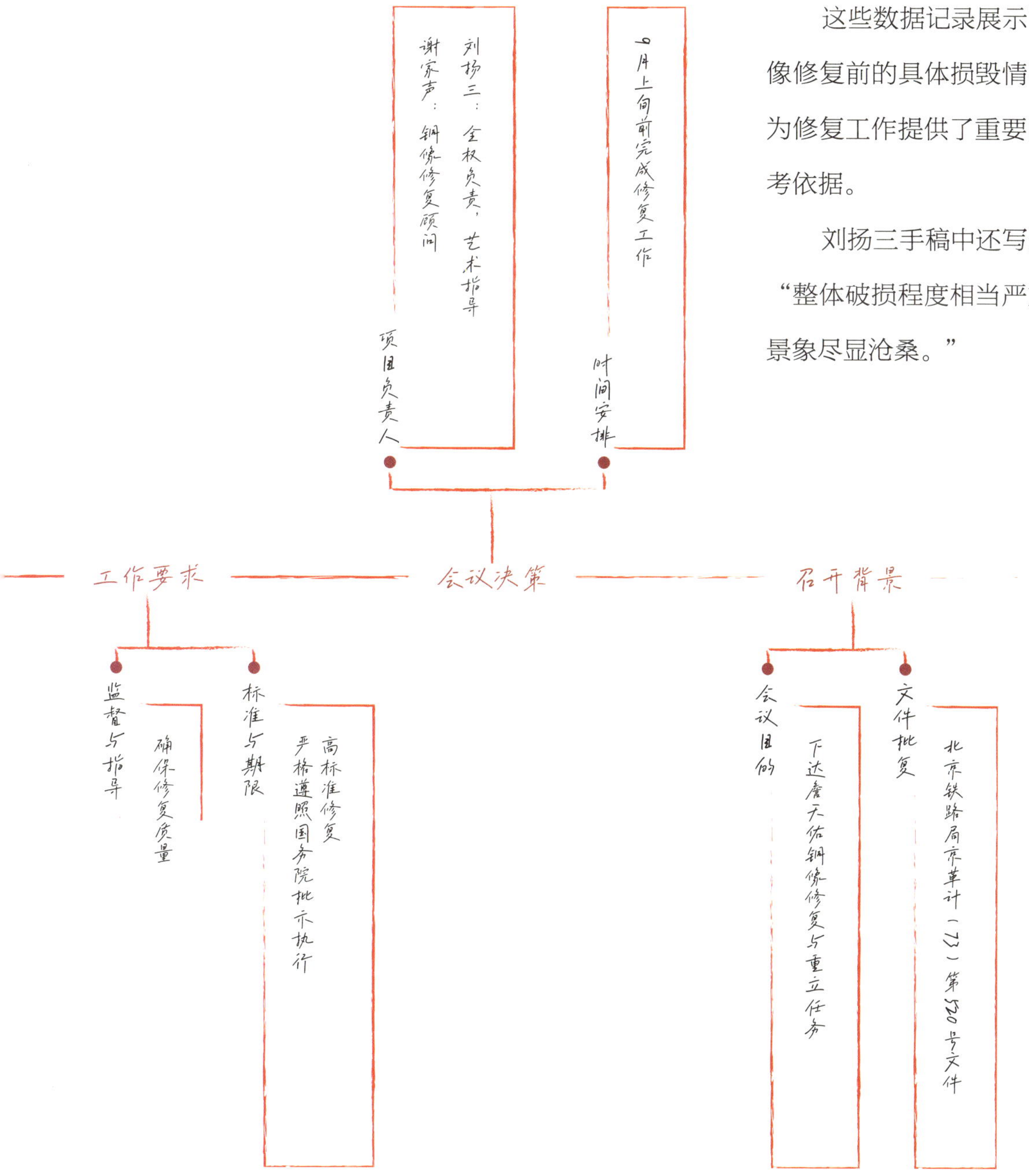

■ 刘扬三的铜像修复与重立工程手稿梳理

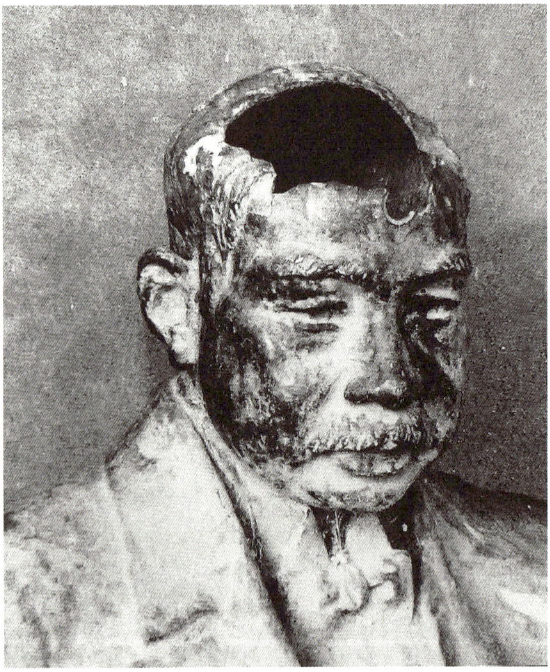

■ 铜像前额脑门破损位置

■ 铜像头部后脑及后背破损开裂

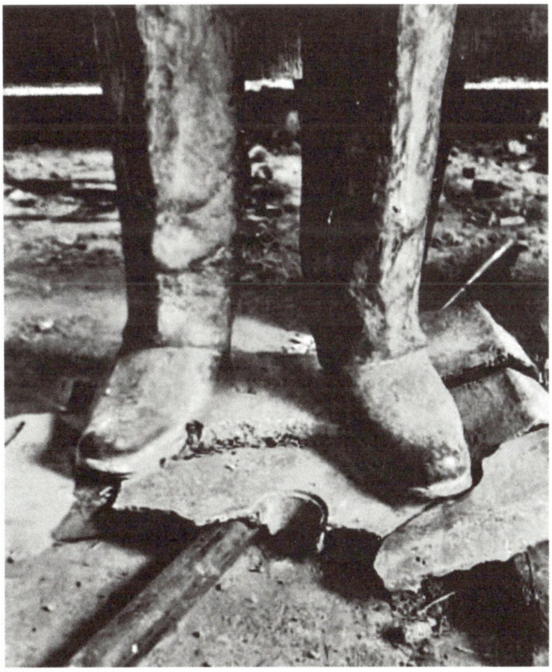

铜像脚下铜质基托板断裂缺失

残损的基座

■ 詹天佑铜像基座上刻有“詹公天佑之象”，“象”字意为詹天佑原貌，以求见象如见人，用以寄托后人对詹天佑的怀念之情（图为刘扬三当年考察詹天佑铜像破损情况时，拓下的铜像基座“詹公天佑之象”六字，这为日后修整基座文字提供了依据）

刘扬三提出修复工程实施的程序规划如下：

（1）破损实考；（2）方案审定；（3）矫正复位；（4）补塑复形；（5）翻模焊接；（6）挫磨修整；（7）刻字镶嵌；（8）做旧复原；（9）立像修基；（10）环境整理；（11）验收开放；（12）修复总结。

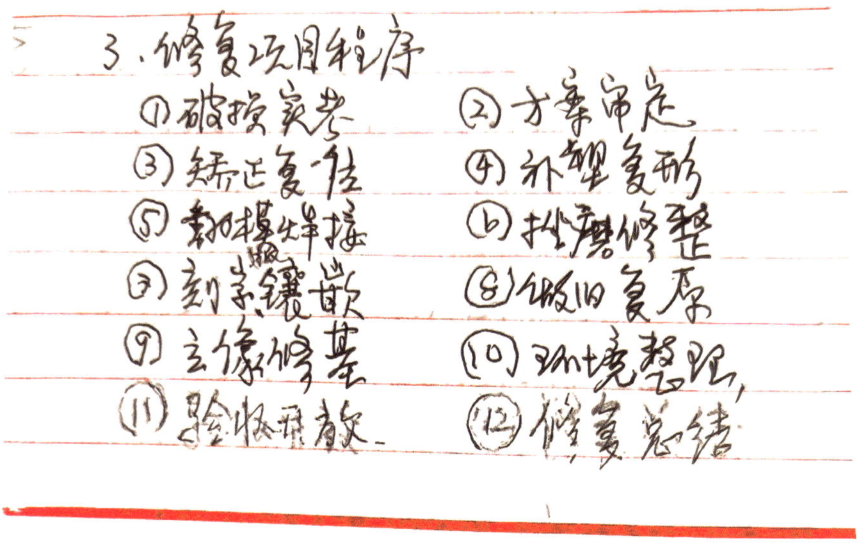
3. 修复项目程序
①破损实考 ②方案审定
③矫正复位 ④补塑复形
⑤翻模焊接 ⑥挫磨修整
⑦刻字镶嵌 ⑧做旧复原
⑨立像修基 ⑩环境整理
⑪验收开放 ⑫修复总结

修复项目程序手稿

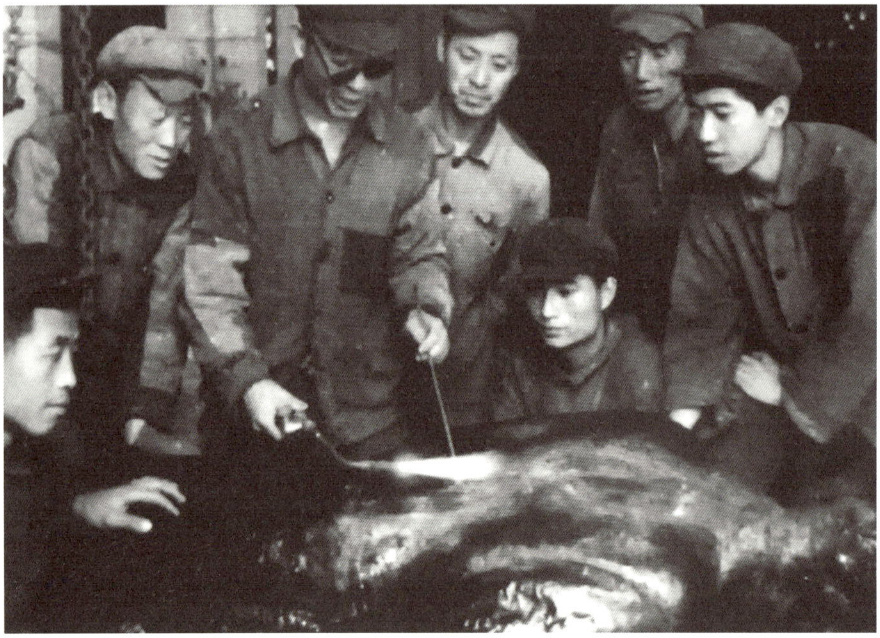

■ 翻模 ■ 修复

■ 焊接

■ 参与修复的技工与铜像合影（前排左起李振海、王绍池、张宝贵，后排左起姜桂林、韩小元、赵文治、曾茂华）

■ 参与修复的工作人员合影

1973 年 8 月，刘扬三在詹天佑铜像修复现场工作

铜像吊装现场

铜像吊装现场

刘扬三手稿中记录了修复工作的时间进程，摘录如下：

1973年8月2日，北京铁路分局召开会议，传达国务院批示精神，向参修单位下达任务，提出竣工日期。

8月3日，分局调度所安排铁道平板车直达青龙桥车站。21点发车，于夜间将铜像运抵北京铁路车辆段修配车间（西车库）；同日，刘扬三复制铜像基座文字及石材规格。

8月4日，实地考察铜像破损状况，详细记录，拍照存档。

8月6日，借到北京分局档案室接管的詹天佑铜像原始全身模型（1.18米）作为铜像补塑和修复的参照依据。

8月7日，搭设铜像修复适用支架，头部及肩背部倾斜部位矫正复位。

8月8日，检测铜像铜质成分，联系寻找修复铜材，在确认未能找到成分接近的修补铜材之后，再经化验决定采用原铜像脚部断裂破损之铜质底托作为头部补形翻模之铜料。

8月9日，刘扬三亲自联系石材厂，最后于东郊大焦亭水磨石厂定制铜像基座用刻字石板一块（60厘米×129厘米×4厘米的雪花石），价格80元，8月13提取。

8月10日，刘扬三与谢家声为铜像头部破损部位补塑复形；北京铁路分局宣传部部长戎鉴专程审视补形后的铜像，表示可以开始翻砂铜片。刘扬三、谢家声和李振海工长共同研究铜像位置中心与底座关系的组合和翻砂方法，确定尺寸和位置。

8月13日，基座石板送雕塑工厂按复原文字刻制。

8月26日完工，经补塑复形后，头部破损部位翻砂两片，一片备用。

8月14—26日，翻模后，焊接、挫磨、整理、做旧各程序认真有序推进。

8月20日，以北京铁路分局建筑段为主，铜像基座修复工序及基座文字石板镶嵌等同步有序进行。

8月27日，北京铁路局政治部领导、北京铁路分局政治部主任尹尚耀现场审视铜像修复效果时表示：补形满意，头部修补得很好；做旧真实；要安全运往青龙桥车站。

8月28日，从雕塑工厂运回基座铭文石板至车辆段，准备与修复好的铜像一起装车起运。

8月29日，分局调度所安排轨道车当日把已修复的铜像及铭文石板运抵青龙桥车站，做好立像复位的准备工作。

8月30日，以车辆段为主，建筑段配合铜像重立安装复位，方法是立上三脚架，当中挂上两个倒链，通过接力把铜像吊装到原基座预留的方槽内，再经灌注加固，与基座成为一体。至此，修复后的“詹公天佑之象”在青龙桥车站原址重新矗立。

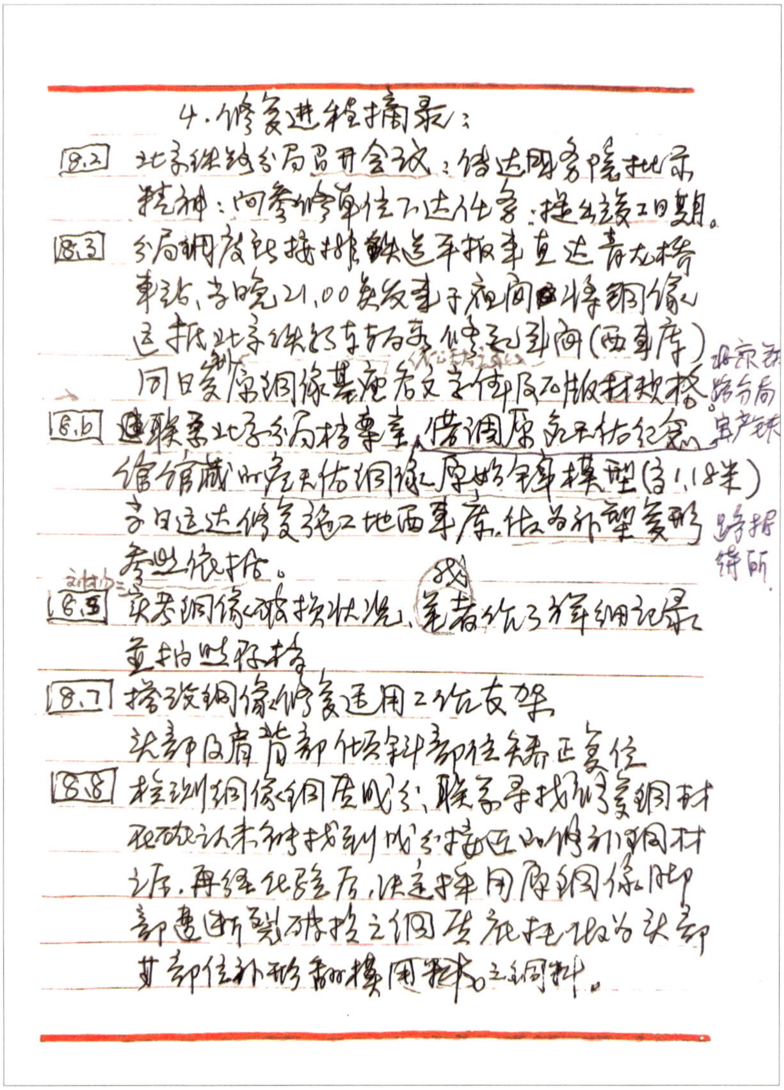

4. 修复进程摘录：

8.2 北京铁路分局召开会议：传达国务院批示精神：向参修单位下达任务：提出竣工日期。

8.3 分局调度所接排铁运平板车直达青龙桥车站，当晚21.00点派专人连夜将铜像运抵北京铁路分局车辆段(西车库)
同日将原铜像基座含文字碑及石雕材料拆移。

8.6 速联系北京分局档案室，借调原詹天佑纪念馆馆藏的詹天佑铜像原始创作模型(高1.18米)当日运达修复施工地西车库，作为补塑复形参照依据。

北京铁路分局宣传部铁路报编辑所

刘杨三

8.5 察看铜像破损状况，笔者作了详细记录并拍照存档

我

8.7 搭设铜像修复适用工作支架
头部及肩背部倾斜部位矫正复位

8.8 检测铜像铜质成分，联系寻找修复铜材，现确认未能找到成分接近的修补铜材源，再经化验后，决定择用原铜像脚部遗断裂破损之铜质底托作为头部等部位补形翻模用料之铜料。

■ 刘扬三工作笔记记录詹天佑铜像修复工作时间进程手稿 1

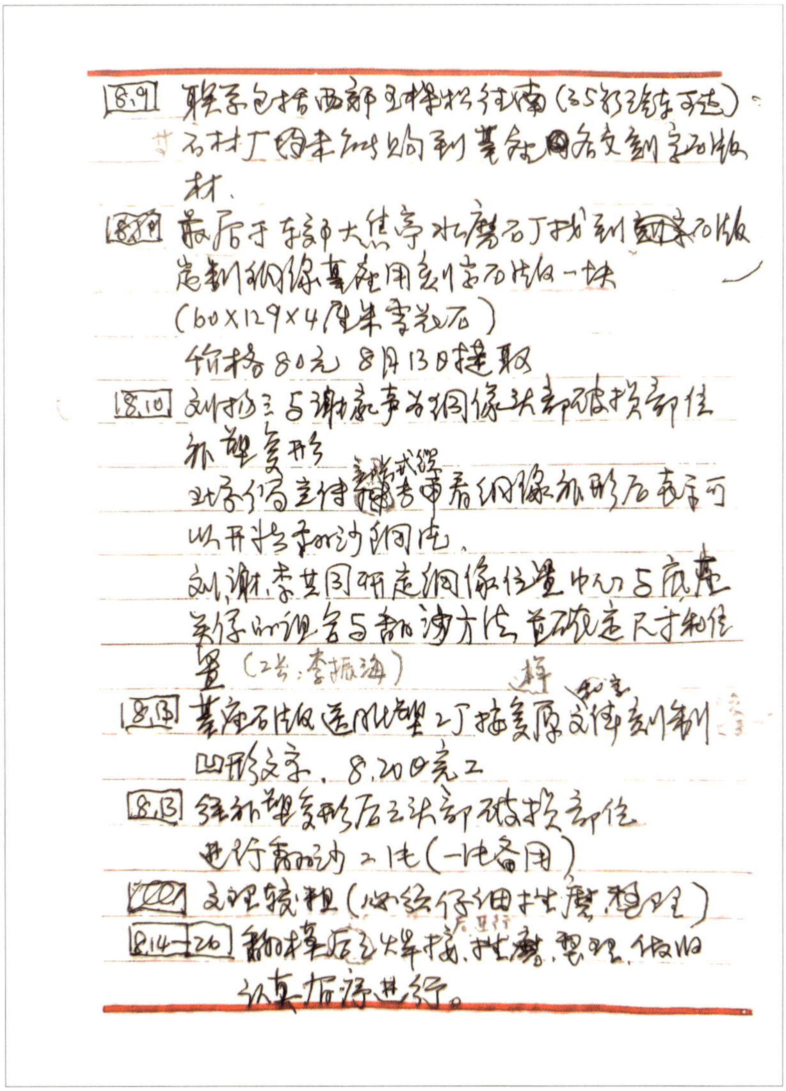

刘扬三工作笔记记录詹天佑铜像修复工作时间进程手稿 2

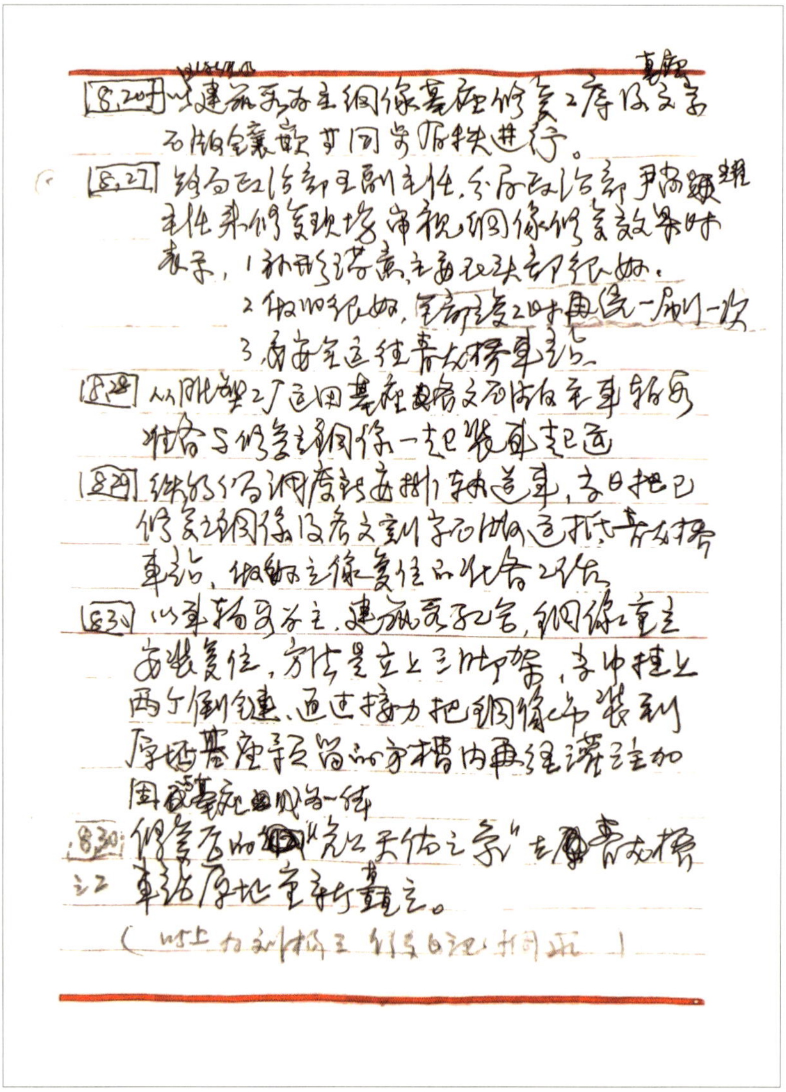

8.20 以建筑系为主铜像基座修复工序仍在
石构件镶嵌等同步加快进行。

8.27 铁路局政治部王副主任、分局政治部尹[illegible]主任来修复现场审视铜像修复效果时
表示：1 新雕塑落成，应由政治部组织。
2 做好组织，全部[illegible]24小时再浇一刷一次
3 要安全运往青龙桥车站。

8.28 从八达岭工厂运回基座及詹文石材件至车站与修复的铜像一起装车起运

8.29 铁路局调度派出专列车轴道车，当日把已修复的铜像及詹文刻字石材运抵青龙桥车站，做好立像复位的准备工作。

8.31 以建筑系为主、建筑系工人、铜像立在安装复位，方法是立上三脚架，当中挂上两个倒链，通过拉力把铜像吊装到原位基座预留的方槽内再经灌注加固成为一体

8.30 修复后的"詹天佑之象"在青龙桥车站原地重新竖立。

（以上为刘扬三修复日记摘录）

刘扬三工作笔记记录詹天佑铜像修复工作时间进程手稿 3

■ 修复后重新竖立的“詹公天佑之象”

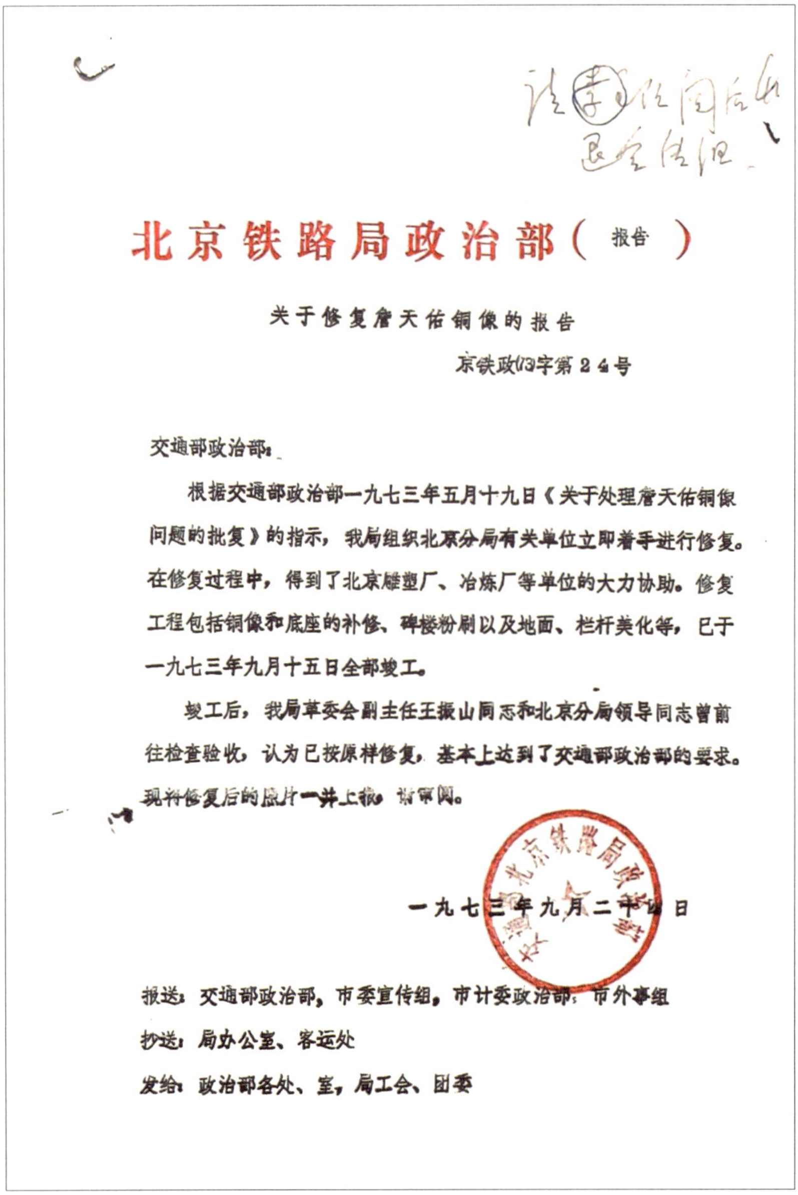

北京铁路局政治部（报告）

关于修复詹天佑铜像的报告

京铁政(73)字第24号

交通部政治部：

根据交通部政治部一九七三年五月十九日《关于处理詹天佑铜像问题的批复》的指示，我局组织北京分局有关单位立即着手进行修复。在修复过程中，得到了北京雕塑厂、冶炼厂等单位的大力协助。修复工程包括铜像和底座的补修、碑楼粉刷以及地面、栏杆美化等，已于一九七三年九月十五日全部竣工。

竣工后，我局革委会副主任王振山同志和北京分局领导同志曾前往检查验收，认为已按原样修复，基本上达到了交通部政治部的要求。现将修复后的照片一并上报，请审阅。

一九七三年九月二十四日

报送：交通部政治部，市委宣传组，市计委政治部，市外事组

抄送：局办公室、客运处

发给：政治部各处、室，局工会、团委

■ 北京铁路局政治部关于修复詹天佑铜像的报告

经过各单位的共同努力，铜像修复工程于 8 月底完成。北京铁路局领导审查后向交通部政治部、北京市委宣传部、北京市计划委员会政治部、市外事组报告，修复工程于 9 月 15 日竣工。这一成果不仅是对詹天佑铜像的尊重和保护，更是对历史的敬畏和传承。历经修复的詹天佑铜像，如今仍旧挺立在青龙桥车站，静静地注视着中国铁路事业的蓬勃发展之路。

岁月匆匆，它依旧以坚定不移的神态，给一代又一代投身铁路建设的勇士注入力量，成就精神传承之道上一座亘古不变的里程碑。

青龙桥站

冰心

在特大号的机车徐徐推行之中，火车渐渐上山，两旁青崖摩天，近逼车窗，如绿绒的屏障，旋转重叠。悬崖上的羊群游牧，仰视小极，如鸟栖树巅。山下流泉之间，大石罗布，令人想起唐人“一川碎石大如斗，随风满地石乱走”之句。众石错杂之间，遍生小树，也有山田和人家，在微阴的天色之中，一层层地远远点缀开去，极青翠清远之致。这时忽然穿过居庸关三百八十五公尺余长的山洞，车上点起灯来，窗户间微微觉着烟气，五分钟之后，又豁然开朗，迂回曲折，其间穿过五桂头及石佛寺两个小山洞，便到了青龙桥车站。

在停车倒车头的数分钟之间，我们下车散步。阳光已出，仰首回顾正在关山重叠之中，长城奇观，悉在眼前！雄伟高厚的城墙，飞龙一般地越岭蜿蜒，每三十六丈便有座墩台，想象着当年城头拒胡，烽火烛天，戍卒无声的满山攀走之状，使人热血潮沸！

车站布置清幽，山峡之间，丁香花丛里，黯绿色的詹天佑先生的铜像，巍然矗立，如在沉静地眺望欣赏着自己劳瘁的工作。

詹天佑安息之地变迁纪实

1961年4月26日，“詹天佑先生诞生一百周年纪念会”举行，会议期间做出包括出版詹天佑传略、筹建纪念馆的决定，并拟定对位于北京海淀的詹天佑墓地进行整修，同时立“詹天佑夫妇之墓”的新墓碑。

找寻旧墓踪迹

1967 年 5 月 1 日，青龙桥车站的詹天佑雕像遭到冲击并被人为拉倒，严重损毁。与此同时，位于海淀区的詹天佑墓地也未能幸免，遭受严重破坏，墓基和墓碑遗迹全部消失。这场风波无疑给我国这位杰出的爱国工程师带来极大伤害。

照片影像如何成为定位詹天佑墓地的关键线索？

被损毁的墓地已消失无痕，此刻，一张 22 年前存档的照片，恰似开启墓地记忆的密钥。

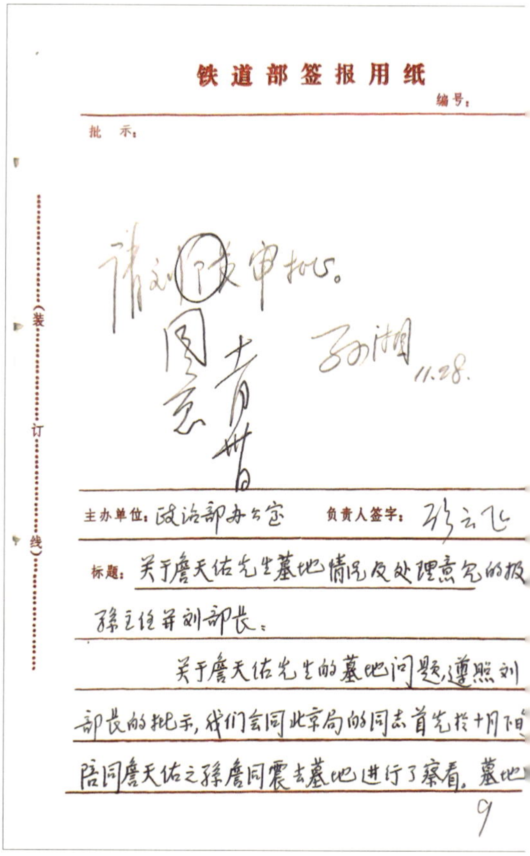
铁道部签报用纸

编号：

批示：

请刘部长审批。

孙湘 11.28.

同意

主办单位：政治部办公室　负责人签字：张云飞

标题：关于詹天佑先生墓地情况及处理意见的报孙主任并刘部长。

关于詹天佑先生的墓地问题，遵照刘部长的批示，我们会同北京局的同志首先于十月下旬陪同詹天佑之孙詹同震去墓地进行了察看。墓地

9

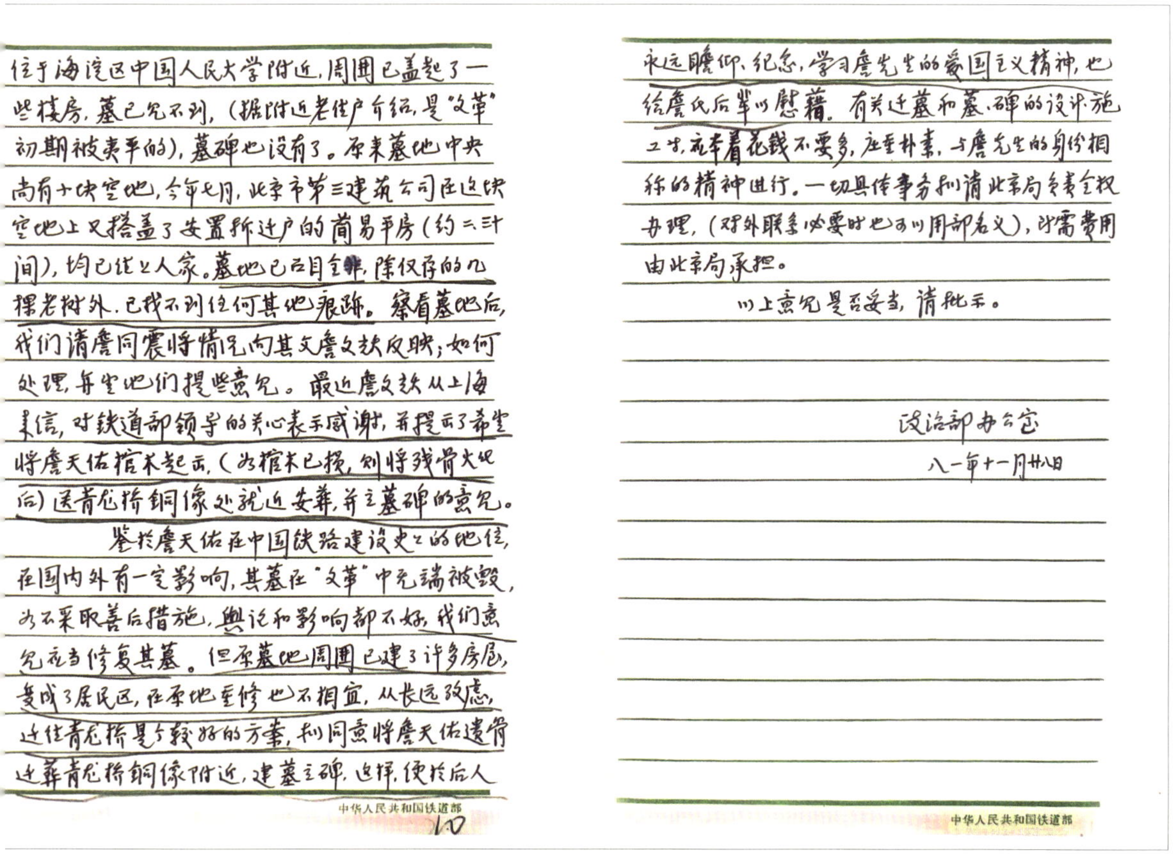

位于海淀区中国人民大学附近，周围已盖起了一些楼房，墓已见不到，（据附近老住户介绍，是"文革"初期被夷平的），墓碑也没有了。原来墓地中央尚有一块空地，今年七月，北京市第三建筑公司在这块空地上又搭盖了安置拆迁户的简易平房（约二三十间），均已住上人家。墓地已面目全非，除仅存的几棵老树外，已找不到任何其他痕迹。察看墓地后，我们请詹同震将情况向其父詹文钦反映；如何处理，并望他们提些意见。最近詹文钦从上海来信，对铁道部领导的关心表示感谢，并提出了希望将詹天佑棺木起出，（如棺木已损，则将残骨火化后）送青龙桥铜像处就近安葬，并立墓碑的意见。

鉴于詹天佑在中国铁路建设史上的地位，在国内外有一定影响，其墓在"文革"中无端被毁，如不采取善后措施，舆论和影响都不好，我们意见应当修复其墓。但原墓地周围已建了许多房屋，变成了居民区，在原地重修也不相宜，从长远考虑，迁往青龙桥是个较好的方案，拟同意将詹天佑遗骨迁葬青龙桥铜像附近，建墓立碑，这样，便于后人

中华人民共和国铁道部

永远瞻仰、纪念，学习詹先生的爱国主义精神，也给詹氏后辈以慰藉。有关迁墓和墓、碑的设计施工等，应本着花钱不要多，应重朴素，与詹先生的身份相称的精神进行。一切具体事务拟请北京局负责全权办理，（对外联系必要时也可以用部名义），所需费用由北京局承担。

以上意见是否妥当，请批示。

政治部办公室

八一年十一月廿八日

中华人民共和国铁道部

■ 铁道部政治部关于詹天佑墓地情况及处理意见的报告（1981 年，铁道部政治部办公室人员及詹家后人詹同震前往墓地核实具体情况，发现墓地标记已被破坏，踪迹全无，后将勘验结果上报刘部长）

当年，刘扬三主持筹建詹天佑纪念馆时，曾专程到此扫墓，还特意拍摄了墓地照片，留存作文物档案。照片记录下了墓地最初的模样，这仅有的影像，成为寻灵、移柩的唯一线索。

在詹天佑墓地的迁移进程中，移柩工作在北京市文物工作队及海淀文物管理所的指导下进行。然而，大家都无法确定墓地遗址。最后，还是以刘扬三提供的墓地遗址照片作为依据，成功确定了墓地的位置。刘扬三拍摄的墓地遗址照片对于詹天佑墓地的定位至关重要，原因有以下几点：

唯一线索：在詹天佑墓地迁移过程中，墓地的原始位置很难确定，墓基和墓碑遗迹已被夷平。这张照片成了确定墓地位置的唯一线索。

地形特征：墓地照片中包含特定的地形特征、植被分布及其他背景元素，这些都可以作为参考，帮助确定墓地的确切位置。

历史证据：纵然此时四周楼房住宅矗立，依旧能够给出墓地最初的布局及周边环境的信息，这对于还原墓地本来的面貌和探寻遗迹而言，是极其重要的。

考古价值：在进行墓地考古工作时，这些照片可以为考古人员提供指导，帮助他们识别遗址的细节，从而精确地进行挖掘工作。

新墓地选址及墓地设计

雄踞京城中轴线闹市、位于天安门广场东南角的前门火车站，前身为 1906 年落成启用的京奉铁路正阳门东车站。从清末到中华人民共和国成立，它一直是北京最主要的火车站，见证着商业繁华与人潮往来。新北京火车站启用后，这里转型为北京铁路工人俱乐部与文化宣传基地，刘扬三诸多重要作品在此完成。1981 年，因文物保护需要，詹天佑墓迁址京张铁路青龙桥车站，刘扬三在这座古建的钟楼下办公室接待建筑师虞献南专访，并给出了凝聚其多年专业心得的设计建议。

他讲道："考虑到家属的情感需求和传统习俗，同时也考虑到环境、安全问题，对于新墓选址及设计方案，我首先提出要修在詹天佑铜像的后面，'背倚青山，前像后墓'。此新墓方案的构思源于我早年选择纪念馆馆址时考证过程的思考所得和方案积累，它既与我国历史墓葬文化'倚山为墓'相符合，同时前方视野开阔，地形有利于保持墓地的气韵。詹公墓前是京张铁路线，能象征性实现詹公天佑'梦魂所寄，终不忘京张'的深深情怀。"墓碑由铁道部、中国铁道学会、北京铁路局联合署名建立。

新墓地地处长城文化带。刘扬三当时建议墓地以铜像为轴心选址。"前有京张铁路之字线，左有碑亭站舍相映衬，右有雄伟之居庸关古长城蜿蜒而下，背倚青山；前像后墓，形成中轴线——'铜像为起点，墓碑为终点'。"新墓的设计和选址由建筑师虞献南负责，他充分采纳了刘扬三提出的"背倚青山，前像后墓"的建议，以及墓地以铜像为轴心选址的构想。

■ 最终被选用的墓地设计方案（此为 1982 年新墓建成后，虞献南回访刘扬三时亲自送来的他设计的“詹天佑先生墓”设计图，作为修建詹天佑新墓地的纪念）

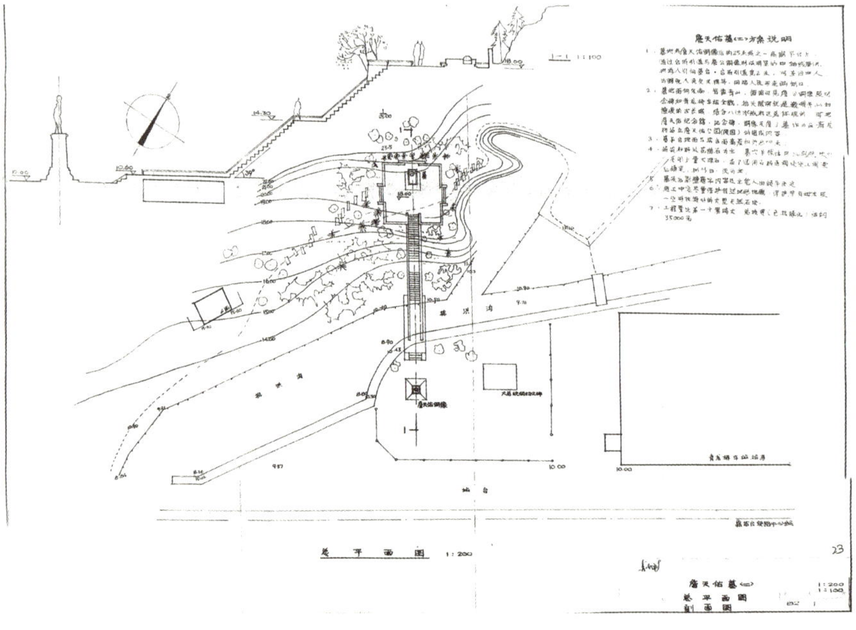

■ 墓地设计方案平面图

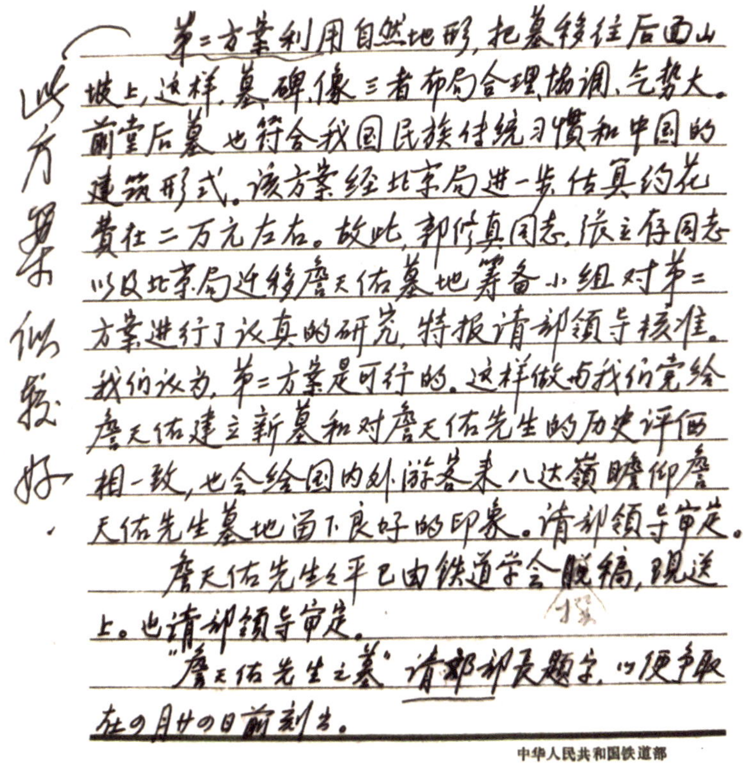
第二方案利用自然地形，把墓移往后西山坡上，这样，墓、碑、像三者布局合理协调、气势大。前堂后墓也符合我国民族传统习惯和中国的建筑形式。该方案经北京局进一步估算约花费在二万元左右。故此，郭修真同志、侯立存同志以及北京局迁移詹天佑墓地筹备小组对第二方案进行了认真的研究，特报请部领导核准。我们认为，第二方案是可行的。这样做与我们党给詹天佑建立新墓和对詹天佑先生的历史评价相一致，也会给国内外游客来八达岭瞻仰詹天佑先生墓地留下良好的印象。请部领导审定。

詹天佑先生生平已由铁道学会脱稿，现送上。也请部领导审定。

“詹天佑先生之墓”请郭部长题字，以便争取在四月廿四日前刻出。

此方案似较好。

中华人民共和国铁道部

■ 建筑师虞献南设计詹天佑新墓时充分采纳了刘扬三的建议，在众多设计图中，刘扬三的设想最终得以实现

■ 詹天佑和夫人第二处葬墓。新墓地位于京张铁路青龙桥车站背后的山岗上，由墓冢、横碑、墓台及引道组成

■ 工程竣工后，刘扬三在青龙桥车站现场

起 柩

■ 1982 年 5 月，新墓落成。5 月 17 日，海淀万泉庄墓葬遗址起灵。刘扬三特请铁道摄影家邵元炬为起柩仪式全程摄影

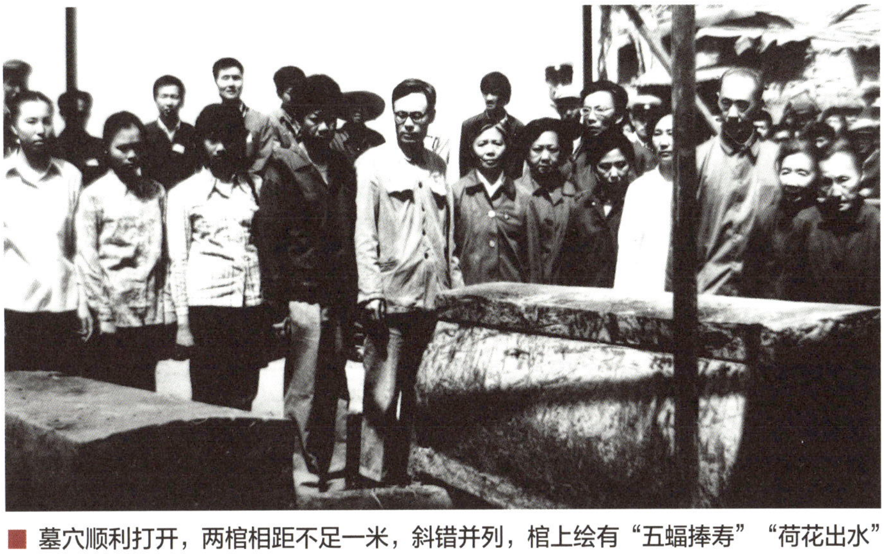

■ 墓穴顺利打开，两棺相距不足一米，斜错并列，棺上绘有“五蝠捧寿”“荷花出水”

■ 文物清理与检骨完毕之后，工作人员一并交与詹氏家属验视收藏。同日，詹氏夫妇的灵骨在铁道部负责人和詹氏家属的护送下，到八宝山火化。詹天佑第三子詹文耀夫妇等众詹氏家属参与了起灵仪式的全过程

长城下的新墓地

■ 5 月 19 日，詹天佑和夫人的骨灰盒由嫡孙詹沛与詹同济放入新墓汉白玉石穴中

新墓坐落于京张铁路青龙桥车站“詹公天佑之象”背后的山岗上，由墓冢、横碑、墓台及引道组成，对称安置，形成中轴线，以铜像为起点、墓碑为终点。墓地布置与周围山势及长城景观相协调，基体由 9 块经过精心雕琢的花岗石和 1 个汉白玉石半圆冢组成。基前石面上刻着书法家徐之谦手书“詹天佑先生之墓”7 个汉隶金字。用花岗石制成的横碑正面碑心镶嵌着黑色大理石，上面刻有记述“詹天佑先生生平”的仿宋金字。基台上植着苍翠的松柏、云杉等常青树，灰色大理石台面上摆放着鲜花。

詹天佑墓迁移仪式

■ 古长城下，詹天佑迁墓仪式隆重举行

■ 相关领导在詹天佑迁墓仪式上讲话

1982 年 5 月 20 日，在京张铁路最高点的青龙桥车站举行了隆重的迁墓仪式，中国铁道学会理事长、原铁道部部长刘建章主持了詹天佑迁墓仪式并讲话，中国科学技术协会副主席裴丽生、北方交通大学教授金士宣以及家属代表詹天佑第三子詹文耀也分别讲话。北京市市长焦若愚及中央和北京市有关部门负责人等 100 多人出席了詹天佑迁墓仪式。

■ 瞻仰新墓现场

迁墓仪式后，铁道部、中国科学技术协会、中国建筑学会、中国土木工程学会、中国铁道学会、北方交通大学、中国铁道科学研究院、北京铁路局、北京铁路分局的领导同志，詹天佑的亲属、生前好友与社会知名人士，以及工程技术人员和先进生产者代表共100多人瞻仰了新墓。

■ 刘扬三为迁墓仪式做了全程采访并拍摄下珍贵的历史瞬间

■ 1984 年，詹天佑铜像及墓被北京市人民政府列为北京市文物保护单位

1987 年，詹天佑纪念馆建馆纪实

京张铁路作为中国第一条自主设计和修建的铁路，具有重要的历史意义。在这个特殊的地点建立詹天佑纪念馆，既是对詹天佑的缅怀和敬仰，也是对宝贵民族精神财富的传承。

3

铁道部文件

(84)铁科技字340号

关于建立詹天佑纪念馆的决定

部属各单位：

为了加强社会主义物质文明和精神文明的建设，进行爱国主义和近代史的宣传教育，促进铁路运输事业的发展，铁道部党组决定建立詹天佑纪念馆，责成铁道部科学技术馆立即着手筹建事宜。关于馆址的选定问题，可以按照在八达岭关城附近设馆的方案，联系北京市纳入首都建设规划。在筹建过程中，希各有关单位对建设馆址和收集整理文物史料工作给予支持和帮助。

为了加强对建馆工作的领导，决定成立铁道部筹建詹天佑纪念馆委员会，委员会办公室设在铁道部科学技术馆。委员会组成名单

1

（此页无正文）

中华人民共和国铁道部

一九八四年三月五日

抄报：国务院办公厅，全国政协办公厅。

抄送：铁道部政治部，全国铁路总工会，全国铁道团委，部内各厅、局、室、委。

3

■ 铁道部关于建立詹天佑纪念馆的决定

重建詹天佑纪念馆

为了弘扬詹天佑奋发图强的精神，展示中国人民自强不息的民族气质，新建詹天佑纪念馆被提上日程。

1984 年 3 月 5 日，铁道部正式发文“（84）铁科技字 340 号”，宣布建馆的重大决策，并成立了专门的筹备委员会。委员会设在铁道部科技馆内，由铁道部副部长李轩担任主任委员，铁道部副部长钱应麟等为顾问，一系列专家和领导组成核心团队，负责纪念馆筹建的详细事务。自筹备委员会成立之日起，铁道部各级领导给予了极大的关注与支持。

紧接着，铁道部批准馆址选在风景秀丽的八达岭，计划占地 10 亩。

历经两年多的筹备，纪念馆建设进入关键阶段。1986 年 3 月，筹备委员会召开第四次会议，审议了大型浮雕设计方案。

■ 詹天佑纪念馆外观

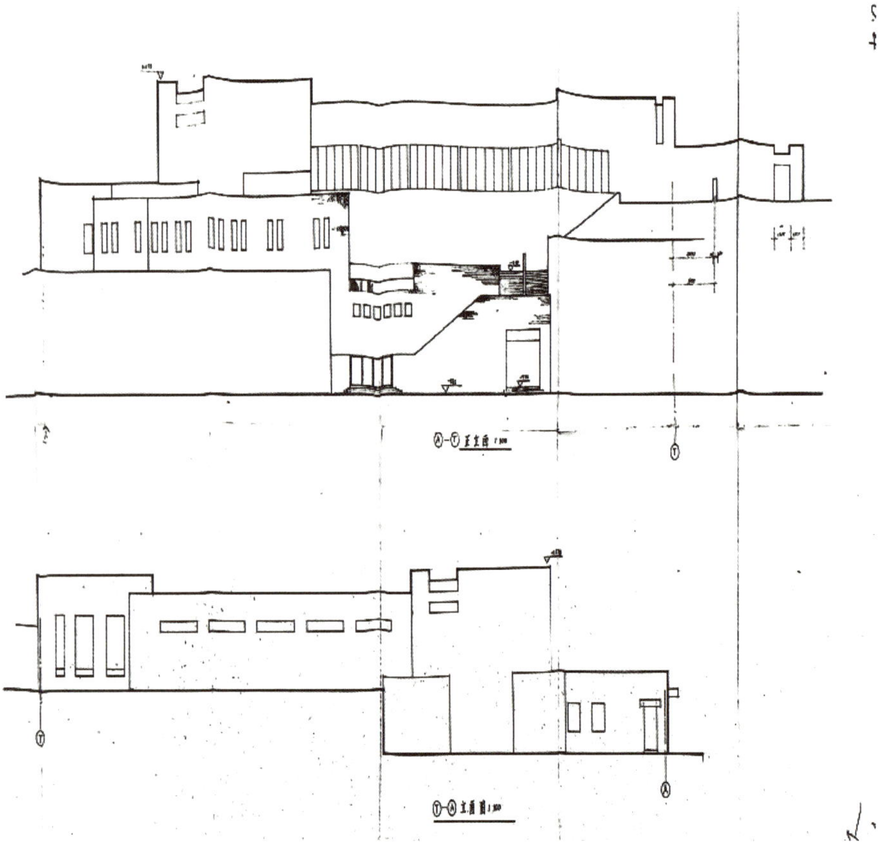

詹天佑纪念馆外观设计图

北京市建筑学会在首都征集了 30 种詹天佑纪念馆建筑设计方案，每种方案各具特色。经筹备委员会评定，北京建筑工程学院建筑设计研究院设计的方案获一等奖，被定为纪念馆建筑采用方案。主要设计人为常青、文跃光、徐斌、朱恒谱、谭玉成。馆前浮雕由刘骥林设计。

1984 年 4 月 1 日起，北京铁路局工程处负责施工。1987 年 8 月底，工程全部完工，9 月 12 日在八达岭工地正式验收。

二十二载重归：再启陈列总设计新程

詹天佑纪念馆筹建委员会成立，责成铁道部科学技术馆立即着手筹建事宜。科技馆展览处、科宣处、模型工厂各部门协同完成筹展工作。科技馆馆长刘鲁民任筹建办公室主任，刘扬三任陈列总设计，詹天佑嫡孙詹同济任史料组组长。

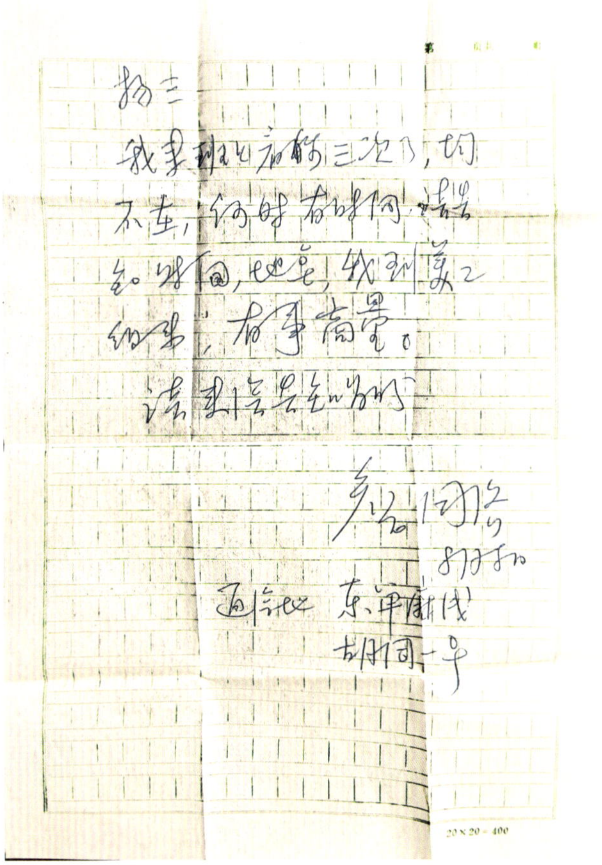

扬三：

我来拜访你三次了，均不在，何时有时间，请给我回电话，我到府上细谈，有事商量。

请来信告知为盼

詹同济

8月3日

通信地址 东单麻线胡同一号

20×20＝400

■ 詹天佑嫡孙詹同济就詹天佑纪念馆展览相关事宜，多次拜访刘扬三并与之商讨

作为詹天佑首馆主持筹建、文物征集、展陈设计、史迹保护的权威专家，刘扬三再度担任新馆陈列总设计。他对新馆的展陈设计和策展进行了全面而深入的思考。在新馆建设中，这些思考将有助于打造一个具有特色、富有教育意义和吸引力、展示铁路历史的名人博物馆。

设计理念与思考

刘扬三在 60 年艺术历程回顾中谈到了这次担任新馆陈列总设计时，对新馆展陈设计的新思路。他希望这次设计能够更好地传承和弘扬詹天佑的精神及其在我国铁路事业发展中作出的杰出贡献。

“名人主题馆是传播名人精神的重要媒介，具有重要纪念意义。詹天佑纪念馆的文化性是展馆的代表属性，展示的内容须体现当代社会精神导向，以此为创意设计切入点，对詹天佑整体信息和成就做主题提炼，展现其个性与魅力，就是成功的造型定位。”

刘扬三认为，新馆的展陈设计应着重把握以下几个方面。

第一，突出主题。新馆以詹天佑人物为核心，展示其生平事迹、科技成果和崇高精神。通过生动的故事和丰富的文物，让观众了解詹天佑在我国铁路事业发展中的重要地位和贡献。第二，展示中国铁路发展的历程。近代以来，中国铁路事业取得了举世瞩目的成就，新馆对此应充分展示，让观众了解我国铁路事业发展的辉煌历程和美好前景。第三，为了吸引更多观众，新馆应营造环境氛围，增强体验感。通过模拟、制作沙盘、造景、展示道具等富有表现性和展示性的方式，让观众身临其境地感受詹天佑当年的创新精神和艰苦创业历程，发挥教育基地的功能，

■ 瞻仰厅

传播科学知识，弘扬民族精神。在参观过程中，观众不仅可以欣赏到珍贵的历史文物，还可以深入历史情境，增强对历史的认识和理解。第四，注重环保与可持续发展。在展陈设计中，刘扬三还强调环保和可持续发展的理念。通过采用绿色建筑材料、节能设备等，营造一个舒适、环保的参观环境。所以，刘扬三在空间布局、展示手段、造景体验等方面突出个性化，同时利用馆内的建筑结构和室外光源，使参观者能够在舒适的环境中深入了解詹天佑。为使不同时段的动感光影与室内实物模型道具共同塑造出筑路年代氛围，设计方案中对环保节能、预算控制及后期维护与管理等诸多方面都要进行考量。

刘扬三说："要让静态的文物焕发出鲜活的生命力，首先，陈列艺术设计要解决的是陈列形式的艺术性，为了达到风格创新、重点突出的效果，设计风格必须避免常规化；其次，陈列构思设计要解决的是陈列主题的思想性，使叙事逻辑清晰、主题明确、主次分明。因此，科学的逻辑思维与艺术的形象思维两者缺一不可。最终，我在可供陈列的空间中，设计了三个部分，功能依次分割为瞻仰厅、序幕厅和三个内容陈列厅。"

瞻仰厅设在纪念馆的第一序位，打造出一个格调简洁、明亮、庄重的瞻仰空间。铺设的台阶将瞻仰厅抬高，旁边的装饰以独特的视觉元素展现年代特点。这个场景的设计不仅是主题的需要，也是站在观众视角的考虑。

展陈设计旨在弘扬詹天佑的爱国主义精神，展示其卓越的铁路工程技术成就，传承其严谨的科学态度和为民族振兴奋斗的精神。观众步入詹天佑纪念馆，首先映入眼帘的是詹天佑全身巨幅照，选用的是壮年时期的詹天佑，其形象端庄、目光坚毅，彰显了其一生为我国铁路事业付出的坚定信念。展厅总面积约为 2800 平方米，展陈面积约为 1850 平方米。

■ 序幕厅

展厅内，观众可以通过实物、图片、图表、沙盘模型、场景复原等形式和手段，详细了解詹天佑的生平和铁路建设成就。展览内容翔实生动，既展示了詹天佑爱国、创新、奋斗、自强的精神风貌，又体现了我国现代化建设和铁路建设的辉煌成就。

序幕厅设在纪念馆的第二序位，设计意图是凸显詹天佑的突出贡献和崇高情怀。此区域高度概括了詹天佑最主要的功绩，展览内容高度浓缩，通过四个重点展示詹天佑的家国情怀和道德品格。

第一，中国人自己设计和建造的第一条铁路干线。这一部分着重展示詹天佑主持修建的京张铁路，体现了他敢于挑战、奋发图强的精神。在当时的历史背景下，詹天佑带领团队克服重重困难，成功修建了这条具有重要历史意义的铁路干线，为国家和人民争了光。

第二，孙中山视察粤汉铁路，会见詹天佑，表达出对詹天佑支持保路、坚守岗位迎接辛亥革命的赞赏。孙中山和詹天佑的交流充分展现了他们共同努力谋求国家进步的信念和决心，在辛亥革命的历史背景下，还彰显了两人的高尚品质和为国家繁荣而努力的精神风貌。

第三，詹天佑组建中华工程师学会，并担任首任会长，致力于科技教育、培养人才，体现出詹天佑为振兴我国科技，创建学会、团结同仁、致力科教，推动中国科技事业蓬勃发展作出的贡献。

第四，詹天佑出席远东会议，表现了他不畏列强，竭力抵制帝国主义侵略野心、维护中华权益，用实际行动扬我民族之威的精神。

通过序幕厅可依次进入第一展厅、第二展厅和第三展厅。展厅分为 8 个单元，以时间为主线，内容纲目清晰、重点突出、层次分明。先按年代，再根据不同专题，有序展出约 200 幅珍贵的历史照片，100

■ 陈列厅

■ 展厅

件套珍贵的遗物、文物，形成一个完整的人物史故事线。这种布局方式旨在帮助观众快速了解历史全貌，深入理解历史的发展脉络。

展览分为以下几个部分。

早期生活与教育经历：介绍詹天佑的出生年代、国家和国际历史背景、家庭环境及其国内外求学经历，展现其立志为国家铁路事业奋斗的初衷。

铁路工程技术成就：详细展示詹天佑负责修建的京张铁路、粤汉铁路等重大项目及其创新性的设计和施工技术，如人字形铁路、八达岭隧道的难度及解决方案等。

爱国主义精神：通过本人书札书信、名言，突出詹天佑在面对困难和外国势力阻挠时，坚定为国家利益和民族尊严奋斗的信念，以及其克服重重困难，推动中国铁路事业发展的感人事迹。

传承与影响：展示詹天佑的精神对后世的影响，包括中华工程师学会的创建及其严谨的科研态度、敢于创新的精神及对国家铁路事业的忠诚。通过图片、文献、实物等资料，传承詹天佑的精神。

纪念与传承：展示国内外对詹天佑的纪念活动及其荣誉，如建立詹天佑铜像和纪念馆、发行邮票等。同时，展示当代铁路事业的发展状况，以及当代铁路人的坚守与传承。

最后一个部分是教育与活动：开展讲座、研讨会等活动，邀请专家、学者、铁路工人等分享詹天佑的故事和精神；组织学生参观展览，结合课程内容，进行爱国主义教育；发行相关纪念品，如书籍、纪念邮票、明信片等，扩大展览的影响力。

开馆典礼

1987 年 11 月 6 日上午 10 时 30 分，詹天佑纪念馆举行了隆重的开馆典礼。国家各部委领导和社会各界代表，共计 300 余人参加。开馆仪式由纪念馆筹建委员会主任、铁道部副部长李轩主持。中央顾问委员会委员、中国铁道学会名誉理事长刘建章等发表讲话，对詹天佑的贡献表示敬意。开馆典礼得到北京各新闻单位、电台和电视台的关注，并相继进行了报道。这充分展示了国家对詹天佑的重视和纪念，也体现了社会各界对我国铁路发展事业中重要历史人物的高度关注。

“詹天佑先生是我国近代科学技术界的先驱、杰出的爱国工程师。他一生爱国实干，为我国自办铁路和开拓工程事业作出了重大贡献。他是中国人民的骄傲。为了纪念詹天佑先生，学习他热爱祖国、自强不息的精神，在八达岭京张铁路的最高点修建詹天佑纪念馆，以缅怀先贤、激励后代、振兴经济、传播文化，为加强我国铁路现代化建设而奋斗。

“一九八七年，建馆告成，因为是记。”

■ 1987 年 11 月 6 日，詹天佑纪念馆举行开馆仪式

■ 吕正操为纪念馆题写馆名

《浪淘沙》

中秋月满登长城

刘扬三

1987年中秋之夜

（展陈工作期间正值中秋，夜登八达岭长城，记录巍峨雄关）

俯仰天地通，皓月满空，

雄关蜿蜒玉宇中。

银辉闪烁光影幻，

叠翠朦胧。

锦绣韵意浓，巍巍重重，

神奇壮丽夺天工。

流连忘返琼台上，

神怡清风。

■ 1987年11月6日，刘扬三在詹天佑纪念馆开馆仪式上留影

詹天佑纪念馆开馆后取得了显著的成果，不仅吸引了众多游客参观，还成功举办了一系列活动，让更多人了解我国铁路事业的奠基人——詹天佑。1988 年 11 月 6 日，正值詹天佑纪念馆开馆一周年纪念日，这是一个值得庆祝的时刻。这一天，陈列总设计刘扬三受邀参加在中国锦州举行的中国博物馆学会陈列艺术委员会第二届陈列艺术委员会代表大会暨第二次学术讨论会。会上，《詹天佑纪念馆》陈列设计方案脱颖而出，成功入选大会的“优秀设计作品观摩展”。这无疑是对铁道部科学技术馆各部门工作人员辛勤工作和艺术修养的肯定，也表明了该陈列设计在业内受到了广泛认可。

詹天佑纪念馆的建立是对中华历史的尊重，也是对先驱者精神的传承。

1992 年 4 月 28 日，北京市人民政府授予詹天佑纪念馆“北京青少年教育基地”称号。1995 年 7 月 13 日，詹天佑纪念馆挂牌为铁路爱国主义教育基地（由铁道部、铁道部政治部命名）。詹天佑纪念馆还陆续被评为北京市科普教育基地、全国铁路科普教育基地、全国首批科学家精神教育基地、延庆区科普基地、国家交通运输科普基地、科学和平教育基地等。

■ 新馆——1988 年开馆的詹天佑纪念馆办公信笺及馆章

■ 中国博物馆学会陈列艺术委员会举办第二届陈列艺术委员会代表大会，会议云集了全国各博物馆展陈设计骨干代表

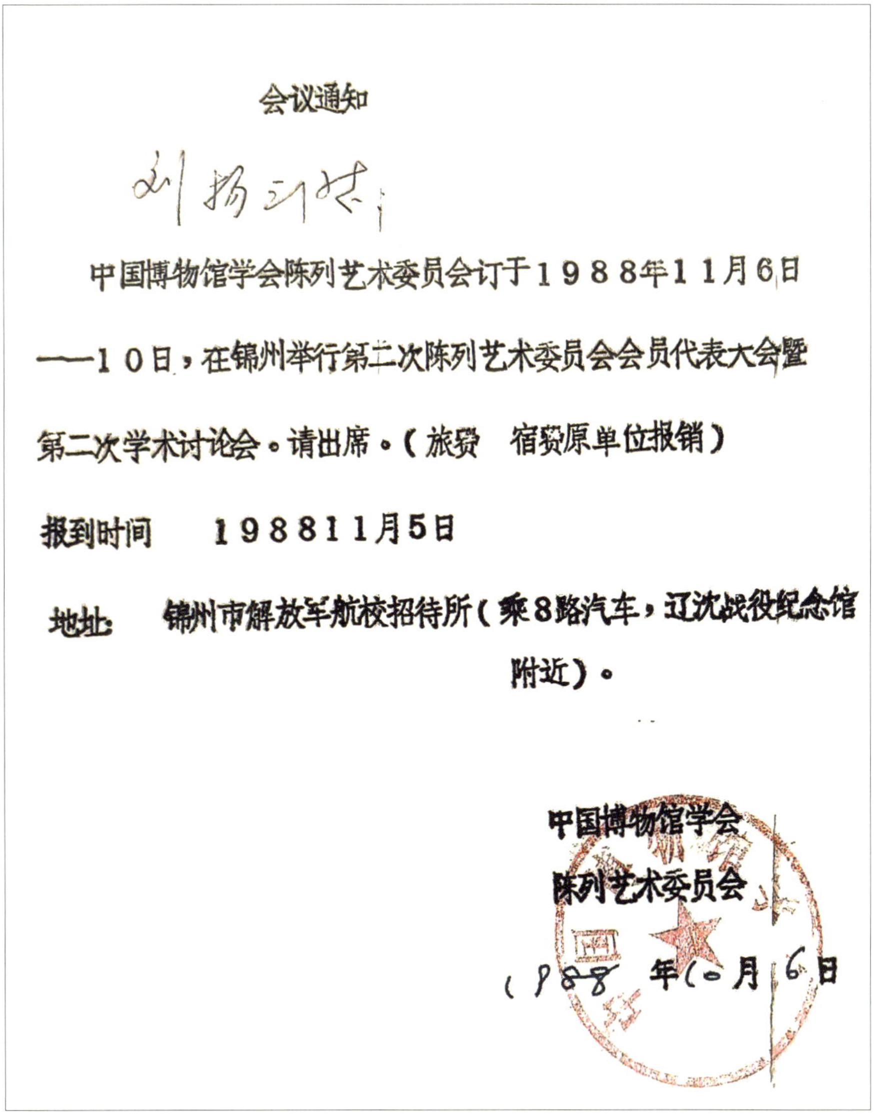

会议通知

刘扬同志：

中国博物馆学会陈列艺术委员会订于1988年11月6日——10日，在锦州举行第二次陈列艺术委员会会员代表大会暨第二次学术讨论会。请出席。（旅费 宿费原单位报销）

报到时间 198811月5日

地址： 锦州市解放军航校招待所（乘8路汽车，辽沈战役纪念馆附近）。

中国博物馆学会
陈列艺术委员会
1988年10月6日

■ 中国博物馆学会陈列艺术委员会会议通知

■ 詹天佑纪念馆瞻仰厅设计获 1991 年北京地区博物馆陈列艺术设计方案优秀奖
（图为瞻仰厅设计效果；1987 年由刘扬三设计，刘宁绘制）

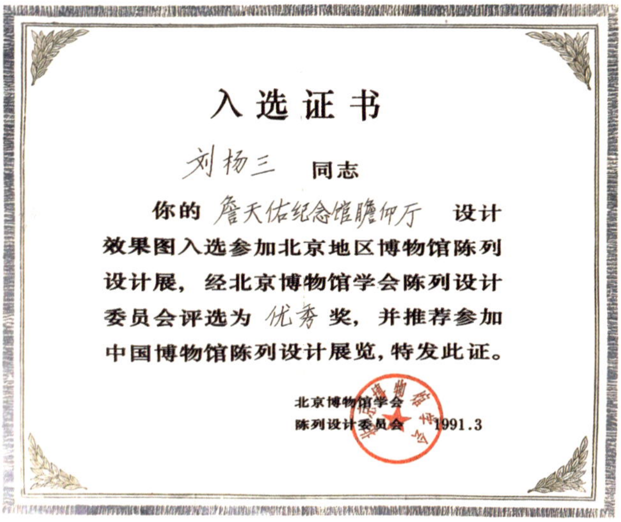

入选证书

刘杨三 同志

你的 詹天佑纪念馆瞻仰厅 设计效果图入选参加北京地区博物馆陈列设计展，经北京博物馆学会陈列设计委员会评选为 优秀 奖，并推荐参加中国博物馆陈列设计展览，特发此证。

北京博物馆学会
陈列设计委员会 1991.3

■ 瞻仰厅设计效果图入选设计展获奖证书

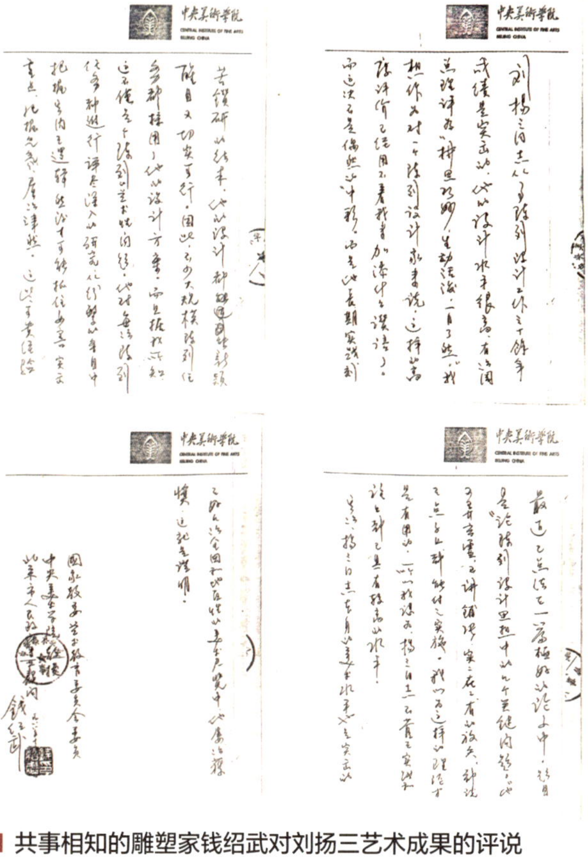

中央美術學院
CENTRAL INSTITUTE OF FINE ARTS
BEIJING CHINA

■ 共事相知的雕塑家钱绍武对刘扬三艺术成果的评说

在新馆开馆后的2005年和2011年，刘扬三和詹同济两次被邀请回到詹天佑纪念馆讲馆史。他们重回青龙桥车站，向詹天佑致敬。这座车站见证了詹天佑为中国铁路事业作出的卓越贡献，也承载着中华民族的智慧和精神。詹天佑的铜像矗立在这里，不仅是为了纪念他本人，更是为了传承他那份执着、敬业和爱国精神。

回到青龙桥车站，再次目睹“詹公天佑之象”，刘扬三感慨万分。这座京张铁路线上的小车站见证了这条铁路的辉煌历史，也让世人铭

■ 詹同济（左）和刘扬三（右）

记了詹天佑这个名字。在这里，人们追忆往昔，回顾詹天佑的生平和事迹，深感中国铁路事业发展成就的来之不易。

展陈艺术工作者负责博物馆展览的布局、视觉表现和互动体验等方面，他们运用创新的理念和技艺，将历史文物和展品以生动、形象的方式呈现给观众。通过富有创意的展陈设计，他们使博物馆成为一个充满趣味和值得探索的场所，激发了观众对历史的兴趣和热爱。文物研究工作者专注于文物保护、研究、教育和推广等方面，他们为博物馆的藏品梳理出清晰的历史脉络，诠释文物背后的文化内涵，使观众能够深入了解历史的发展和变迁。在我国，博物馆事业的发展得到了国家和社会的高度重视。随着博物馆数量的增加和服务水平的提高，展陈艺术工作者和文博工作者的队伍也不断壮大。相信在未来的日子里，他们将继续为传承和弘扬我国悠久的历史文化作出更大的贡献。

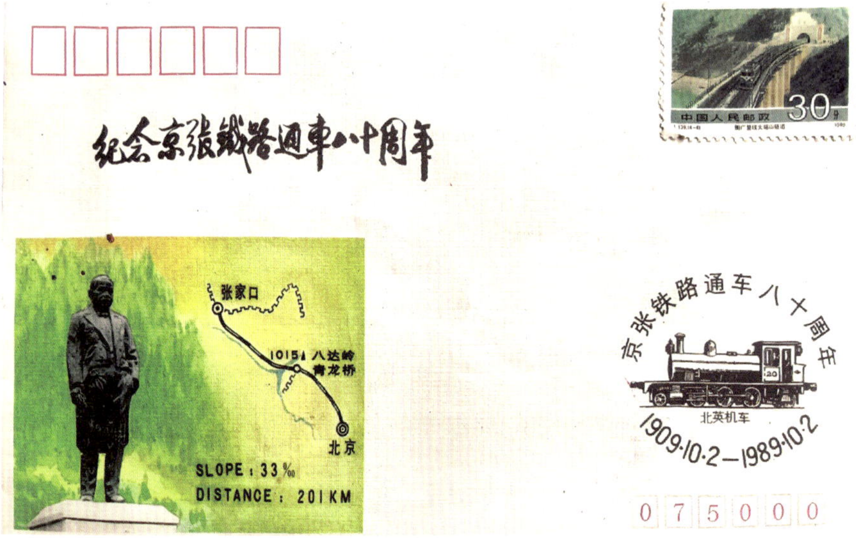

■ 纪念京张铁路通车八十周年首日封

肆

| 未来篇 |

詹天佑紀念館

京张铁路入选中国首批工业遗产保护名录

从被讥讽“穿西装的绘图匠”到执掌京张铁路总办，詹天佑用 30 年完成从海归学子到“中国铁路之父”的蜕变，更用钢铁动脉改写了“中国人不能自建铁路”的殖民叙事。他的精神，仍在时代的铁轨上飞驰。

遗址、遗存对研究历史具有多方面的重要作用，它是历史的实物见证，为现代人了解过去的社会、文化和生活状况提供了直接证据，比文字记载更具直观性和可靠性。它可以验证文献资料，帮助验证文字记载的真实性和准确性，同时，反映社会经济状况、文化传统、社会制度、生活方式和习俗的演续；揭示技术的进步，反映人类技术创新和文明发展的历程。总之，遗址、遗存是研究历史不可或缺的重要资源，为我们更全面、深入地理解过去提供了丰富的线索和依据。

2019 年 12 月 30 日，习近平总书记在京张高铁通车之际作出重要指示：“1909 年，京张铁路建成；2019 年，京张高铁通车。从自主设计修建零的突破到世界最先进水平，从时速 35 公里到 350 公里，京张铁路见证了中国铁路的发展，也见证了中国综合国力的飞跃。回望百年历史，更觉京张高铁意义重大。”

京张铁路（建有詹天佑纪念馆）入选中国首批工业遗产保护名录的理由是：不使用外国资金及人员，由中国人自行设计、投入营运的第一条干线铁路，打破了外国对中国铁路修建、运营的垄断；由詹天佑负责设计、建造，在国内最早使用人字形展线；开凿八达岭隧道使用中间竖井法，依靠人力建成了中国筑路史上第一条长大隧道。主要遗存包括：青龙桥人字形铁路；青龙桥站、清华园站、西直门站站房、线路、隧道、桥梁、铁轨、枕木；南口机车库；档案、照片。

詹天佑纪念馆获评一级博物馆

中国铁道博物馆詹天佑纪念馆在 2024 年获得了一级博物馆的荣誉，这是对其长期以来传承和弘扬我国铁路事业发展工作的肯定。博物馆工作者的辛勤努力，让珍贵的历史文物得以妥善保管和展示，让后人能够近距离感受先辈们的不懈奋斗精神，让博物馆成为连接过去与未来的桥梁，以史之光，照亮当世。

铁路遗址与活化城市空间的人文价值

京张铁路遗址公园

2023 年，京张铁路遗址公园开始对公众开放，它是利用北京市海淀区京张高铁旁的京张铁路旧线改造而成的遗址公园。就此，“第一条由中国人自主设计建造的国有干线铁路”以另一种方式重焕新生。

回顾前期调研踏勘、课题论证、方案招标和项目实施，我作为亲历者和参加者深知其中之不易。但是公众对于京张铁路作为工业遗产，经过改造后具有怎样的城市文化作用，并不太了解，特别是北京旧工业遗址、遗存、遗物历史库存被激活，成为今天类博物馆的一种文化资源，这涉及很专业的城市规划领域，又有工业遗址保护再利用的实操方法，对此怎样解读，也是当下人们比较关注的话题。在采访青龙桥车站原貌复原和展览设计者程旭先生时，他表示，铁路博物馆的沉淀很有社会视野，城市博物馆作为文旅融合的传播媒介，确实很值得探索。北京铁路博物馆落成在中轴线上，这里也是北京天安门周边民国建筑群的核心，车站深入中轴线大前门，具有北京都城与全国交通出入口的作用。1905 年京张铁路开工建设，2025 年满 120 周年，这份宝贵的工业遗产至今还在发挥着激发民族工业情怀的作用。而编入大中小学教材中的“人字形铁路”一章，说明爱国主义教育深入人心。

三根钢轨

先来盘点一下北京工业遗产再生资源的贡献。2021 年前，北京市政府工作报告中指出：北京的工业遗存创造的产值已达 2000 亿元，但这仅占全市空置工业空间的 20%。2021 年后，各大城市决定不再兴建大型公共设施，盘活存量成为未来城市空间的主语，从功能性旧工业空间转化为文化消费空间，都是研究遗产价值规划设计的宝贵思路。为了解决城市博物馆与城市建设的关系，研究北京由工业城市到文化中心的转变，首都博物馆特别成立了北京工业遗址调查课题组，专项拨款，对标京津冀、长三角、珠三角工业遗址改造和开放场所进行调查。团队用了 5 年的时间，亲赴遗址踏勘调研和记录口述史，终于结题完成了调查报告。全市考察报告卷宗摞起来达半米高。评审专家指出，这是历史上的第一次，完成了一部里程碑式的博物馆写实档案。据程旭回忆，课题小组队员顺着京张铁路沿线徒步一周，以北京前门车站遗存为起点，直至张家口车站，途中经过铁路桥梁，隧道涵洞，车站、水房、车库和信号设施，包括与车站站长访谈、查阅工程图纸，梳理詹天佑主持项目的所有文物文献。直到 2008 年改造青龙桥车站，恢复历史原状，这项艰巨的任务才得以结束。

从 2008 年的老京张线人字形标志性设计到新标志落成已经过去十几年，恰逢京张铁路建设 120 周年，意义非凡。2023 年，京张铁路遗址公园作为城市线性景观遗址进行国际招标，观其质量，可与纽约高线公园的设计规划比拼。全线有很多难度较大的设计，比如在城市居民楼群狭窄的空间内既要解决百年遗址的复活问题，还要结合周边的绿化和市民的健身娱乐，特别是对二环、三环、四环与延长的交会桥梁都做了节点多层级立体设计。新京张高铁线规划的总体构想是将清河段改入底线线路，也几乎与老京张并行，特别是在青龙桥车站，与人字形处百米内在地下交会。关于新老京张线的开发利用，当时主要是考虑到北京奥运会期间预计到长城游览的外国游客数量会激增，列车停站 8 分钟，怎么解决？这是规划难点。

程旭对钢轨元素的设计，有着深刻剖析。就用三根钢轨展开去说。

如果说中国铁道博物馆正阳门馆有着“中轴 + 车站”双遗产逻辑关系的话，那么青龙桥车站改造就是“长城 + 车站”的双遗产交会。北京城再也没有与中轴线平行的超长线性遗产景观廊道了。新京张交叉点又是立体空间交叉，老京张人字形铁路奇妙地利用了长城一段坍塌的山谷底，全车掉头爬坡上行，地势十分险峻，景观四季分明。新京张线也极大地配合了今天的北京中轴线申遗，作为与北京中轴平行的京张铁路南北轴线的遗址遗存，以红色清华园站为核心向南北延伸到南苑，建设京张铁路遗址公园，活化城市条形空间的合理开发和利用。

2008 年北京奥运会前夕，程旭主持设计了青龙桥车站复原和展览，这是首都博物馆注资的与北京铁路局的合作项目。在民国遗产与古老的长城遗址交会的双遗产地点，集中了 1926 年竖立的詹天佑铜像、徐世昌大总统的题记碑刻、詹天佑及其夫人墓址、车站建筑群和世界闻名的人字形交会点，历史价值十分特殊且珍贵。京张铁路沿线坐标点也铭记着百年沧桑。

首先，设立火车站纪念柱：在与长城交会处，用水泥外壳包住了一根 1905 年的英国钢轨，体现展览的古往今来和东西方的文化交融，更是工业遗产的代表性标识和工业遗址身份证。纪念柱有 3 个含义。第一，水泥体外包代表中国的长城。第二，中间 1905 年的钢轨代表中国近代工业，通过立面形式，可以看到一个中国的“中”字的造型，代表这是中国历史上不可复制的一个交会点；同时还表示，通过保护和开发，我们对活遗址、活遗物和活遗产的认识上升到新的层面——反思祖国的命运。第三，水泥表面显露出的一条钢轨是什么呢？实际上是精心计算出的关沟段最大坡度，詹天佑的人字形铁路坡比为 100∶7，水泥柱顶面与钢轨一端的角度与之对应，达到对人字形铁路通俗释读的效果。长城和铁路的交点是那个时期的“开山”之举，也是东西方文化在思想和世界观上的主动碰撞。水泥造型是长城隘口拉动两侧的横向设计，铁轨立向也和铁路东西铺设是同一个方向。“中”在其中，为我所用。设计元素采用了不可复制的地域特征，京张铁路正面刚好“穿过”世界文化遗产长城，而京张铁路又是近代工业遗产的产物，距离举世闻名的人字形铁路仅 30 米，设计“双遗产”并彰显一定的人文价值，是该规划设计任务的重中之重。纪念柱上写有中英文“万里长城与京张铁路青龙桥站线路的交汇点”，并标出了 GPS 坐标：北纬 40 度 21 分 0.95 秒，东经 116 度 1 分 6.96 秒（40° 21'0.95"N，116° 1'6.96"E）。

其次，恢复历史上的钢轨作为报车器，用百年声音再现青龙桥工业遗产“山谷的回响”。百年前，报车器就悬挂在火车站候车大厅的门前，规划中把历史的声音和历史钢轨合二为一。京张铁路早期客车临站开过来的声音，也是标准的报车器，全站人员根据报车器敲出的尾数判断是上行车还是下行车。如果尾数为单数，说明是下行车（由北京开往全国各地的火车），双数就是上行车（外地进京的火车）。早年间，

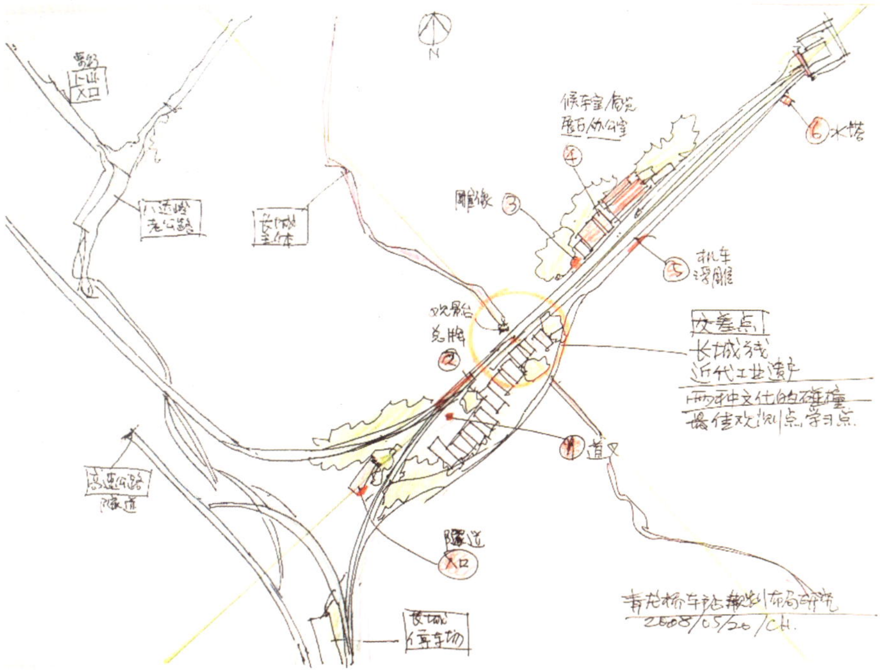

■ 京张铁路青龙桥站线路交会点总体规划图（程旭　绘）

■ 新老京张铁路在青龙桥站线路交会点设立纪念柱

■ 纪念柱和纪念碑

■ 纪念柱顶面

■ 站长杨存信演示报车器的使用方法

火车进站没有广播，全靠报车器的声音来提示站内的工作人员，马上要到的火车是从哪里来的，应该各就各位了，顺便提醒各位乘客，该接站的接站，该上车的上车。铁路部门还规定，报车器必须由站长敲击。展览中恢复了百年前的报车器，用固定钢轨的道钉来击打 1905 年的钢轨，已经成为青龙桥车站的一道风景线。

最后，京张铁路用的年岁最大的一根钢轨实物也在青龙桥车站露面了。钢轨的侧面铸造有“BARROW STEEL 1898 8 435 1 C”字样，即生产的年代。但京张铁路是 1909 年开通的，怎么用上了 1898 年的钢轨呢？答案是为了省钱。当年，詹天佑主持施工的京张铁路出现了资金短缺问题，为了保证铁路的施工质量，正线和直线用的都是新钢轨，辅线和弯道则选用了关内外铁路的旧钢轨，这是因为辅线、弯道车速慢、磨损低，本着节约的精神，把好钢用在刀刃上。这样的精打细算省下了白银 28 万两。博物馆小院内陈列的这根钢轨就是当年从英国买回的旧钢轨，如今可算作是青龙桥车站展览的“镇馆之宝”。

京张铁路开通 110 周年之际，于新京张铁路交会点设立纪念柱，这就是百年遗产对今天的新京张最好的诠释。三根钢轨的故事表明，对遗址、遗存和遗物进行系统开发，青龙桥工业遗产就有了核心原创点，既继承文脉，又面向未来。

院内陈列的英国老钢轨

工业遗存的活化改造

中国铁路的发展历程，是一部流动的历史画卷。挖掘传统文化，打造文旅项目，利用铁路车站房和铁路工业遗址建立的博物馆和铁路基地，不仅成为记录和展示铁路历史与发展的重要平台，还可以让游客了解铁路发展的历程，同时有效保护具有历史价值的遗产。

铁路相关博物馆及纪念地遍布全国各地。中国铁道博物馆正阳门馆位于天安门广场东南侧。该馆由原京奉铁路正阳门东车站旧址改建而成，主要展示中国铁路的历史和文化。云南铁路博物馆位于云南省昆明市，利用昆明火车北站的候车室建设而成，展示了云南铁路的发展历程和特色。香港铁路博物馆位于香港大埔墟崇德街 13 号，是一座独特的中式金字塔形建筑，保留了旧火车站的古迹和其他铁路设备。上海铁路博物馆利用原上海老北站旧址而建，展示了上海及华东地区 100 多年来铁路发展的风雨历程。呼伦贝尔中东铁路博物馆位于呼伦贝尔市，其前身为沙俄森林警察大队旧址，向公众展示中东铁路的修建及铁路主权转变的全部经过。

铁路工业遗址结合文旅开发，既传承了历史文脉，又为市民提供了休闲娱乐的好去处。目前，八达岭青龙桥火车站遗址、清华园铁路遗址公园、铁路工业遗址公园、首钢工业遗址公园都是我国工业遗址改造升级的典型案例。它们在保留历史遗迹的基础上，进行了创新性的改造和利用。

八达岭青龙桥火车站遗址位于北京市延庆区，是京张铁路的重要站点。百年前，詹天佑为解决铁路关沟段坡度大、机车牵引力不足的问题，创造性地设计了人字形铁路。如今，这里仍保留着百年前的模样，青砖墙面、红色仿西式门窗，站房内还原候车站房的陈设，充满了历史感。2020 年，这里还被推荐为首届北京网红打卡地“人文景观类”打卡地。

清华园铁路遗址公园位于北京市海淀区，原为清河火车站的一部分。这里保留了原有的铁路设施和站台。公园内设有一个铁路文化展示区，展示了我国铁路发展的历程。此外，公园还利用废弃的铁路设施打造了富有创意的景观，如铁路枕木构成的“时光隧道”、废旧车厢改造成的咖啡馆等，深受游客喜爱。

首钢工业遗址公园位于北京市石景山区，原为首钢集团所在地。这里保留了工业遗址的特色建筑和设备，如高炉、冷却塔等，经过改造后，成了一个集文化、创意、休闲于一体的域所。公园内设有艺术家工作室、展厅、创意市集、餐厅等功能区域，深受市民喜爱。

中东铁路共 104 个车站，中东铁路遗址公园位于牙克石市博克图镇西北部新南沟 301 国道旁，主要包括兴安岭铁路隧道、兴安岭螺旋展线、隧道坐标点石碑三处遗址。

“呼伦贝尔号”草原森林旅游列车是内蒙古自治区及呼伦贝尔市重点打造的文旅项目，填补了国内高端旅游列车的空白。

国内外铁路相关博物馆及纪念地概览

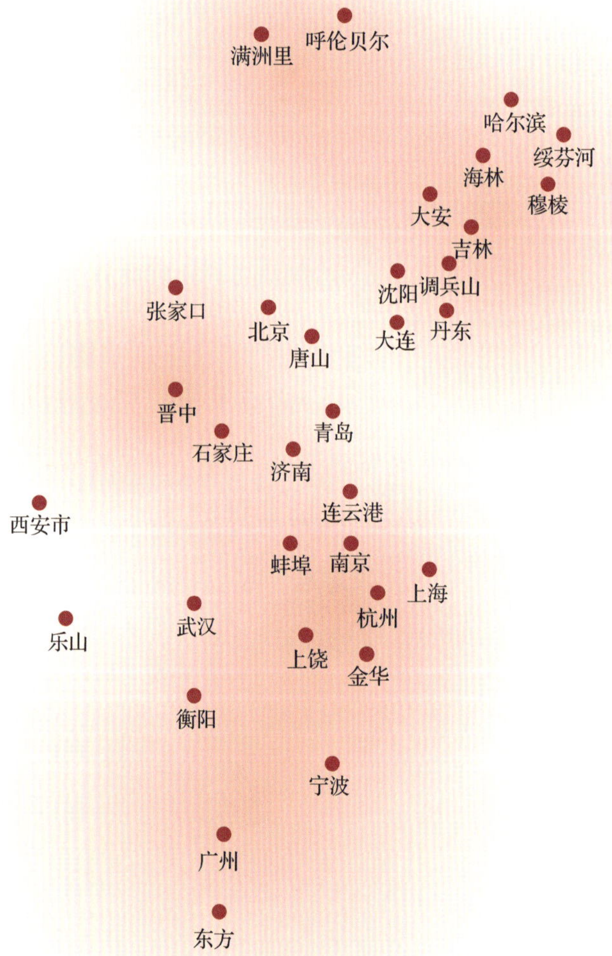

北京市

中国铁道博物馆

（正阳门馆、东郊馆、詹天佑纪念馆）

铁道兵纪念馆

北京站站史馆

青龙桥站爱国主义教育基地

中国铁道科学研究院院史馆

长辛店二七纪念馆

清华园车站旧址

中国铁路北京局集团有限公司丰台机务段“毛泽东号”机车展室

广州市

广州铁路博物馆

广州地铁博物馆

广州詹天佑故居纪念馆

广州共和村社区铁路文化博物馆

上海市

上海铁路博物馆

上海地铁博物馆

上海磁浮交通科技馆

北京市：中国铁道博物馆（正阳门馆、东郊馆、詹天佑纪念馆）、铁道兵纪念馆、中国铁路北京局集团有限公司丰台机务段“毛泽东号”机车展室、北京站站史馆、青龙桥站爱国主义教育基地、中国铁道科学研究院院史馆、长辛店二七纪念馆、清华园车站旧址

上海市：上海铁路博物馆、上海地铁博物馆、上海磁浮交通科技馆

广州市：广州铁路博物馆、广州地铁博物馆、广州詹天佑故居纪念馆、广州共和村社区铁路文化博物馆

石家庄市：火车头历史文化展览馆、石家庄铁路博物馆

唐山市：中国铁路源头博物馆、开滦博物馆

晋中市：同蒲铁路陈列馆

呼伦贝尔市：内蒙古中东铁路博物馆、扎兰屯中东铁路博物馆、呼伦贝尔蒸汽机车馆、牙克石中东铁路遗址博物馆、呼伦贝尔博克图中东铁路历史文化展览馆

青岛市：胶济铁路青岛博物馆

沈阳市：沈阳铁路陈列馆

大连市：大连满铁旧址陈列馆、瓦房店铁道博物馆

丹东市：铁路抗美援朝博物馆

吉林市：吉林铁路博物馆

大安市：沈阳铁路博物馆、大安北蒸汽机车陈列馆

哈尔滨市：中东铁路印象馆

满洲里市：扎赉诺尔区蒸汽机车博物馆、扎赉诺尔博物馆

调兵山市：中国铁煤蒸汽机车博物馆

绥芬河市：中东铁路记忆馆、绥芬河红色国际通道纪念馆

海林市：中东铁路运输博物馆

穆棱市：中东铁路历史文化穆棱陈列馆

连云港市：陇海铁路历史博物馆

杭州市：杭州铁路博物馆·知青纪念馆、江墅铁路陈列馆

金华市：金华铁路博物馆

宁波市：甬曹铁路宁波车站纪念馆

南京市：江苏铁路教育馆

蚌埠市：津浦铁路固镇展示馆

济南市：胶济铁路博物馆

武汉市：武汉二七纪念馆、武汉地铁科普馆、武汉詹天佑故居博物馆

上饶市：婺源县詹天佑祖居纪念馆

衡阳市：衡阳铁路博物馆

西安市：陕西铁路陈列馆

东方市：海南铁路博物馆

乐山市：四川嘉阳小火车科普体验基地

张家口市：张家口工业文化主题公园、京张铁路记忆馆

全球各地都建有铁路博物馆，主要集中在有着悠久铁路历史和丰富藏品的国家和地区。除中国外，还有一些国际著名的铁路博物馆。

俄罗斯：俄罗斯中央铁路博物馆位于圣彼得堡，展示俄罗斯铁路的发展历史和科技成果。

美国：加州铁路博物馆、宾夕法尼亚州铁路博物馆，展示美国铁路和机车发展历史。

英国：英国约克国家铁路博物馆，展示英国铁路发展历史和重要发明。

德国：德国铁路博物馆位于美因茨，展示德国铁路的发展历程和技术创新。

法国：米卢斯铁道博物馆，主要展示法国铁路的发展历史和艺术风格。

日本：京都铁道博物馆，展示日本铁路的现代化进程和高铁技术。

澳大利亚：澳大利亚国家铁路博物馆位于阿德莱德，展示澳大利亚铁路的历史和特色。

丹麦：丹麦铁路博物馆位于南丹麦大区欧登塞，其所在位置前身是一个机车房，展示规模之大，在斯堪的纳维亚半岛地区首屈一指。

芬兰：芬兰铁路博物馆的位置原来是汉科－许温凯铁路站，博物馆收藏了不同历史时期的各式火车。此外，在博物馆后院还有一辆可运行的蒸汽小火车，供游客体验火车带来的乐趣。

荷兰：荷兰铁路博物馆位于乌得勒支省一个停用的火车站站内，除了展示火车外，还有富丽的候车室、怀旧的休息室。

这些博物馆收藏了大量的铁路文物，如机车、车厢等，展示了铁路交通的发展和对人类社会的贡献。参观这些博物馆，可以了解世界各地铁路文化的差异和共同点。对于铁路爱好者来说，铁道博物馆是不可错过的旅游打卡胜地，在此可以深刻感受火车头的铿锵之力。

京张铁路工业遗址变身城市新空间

北京主题性公园——京张铁路遗址公园，是利用北京市海淀区京张高铁旁的京张铁路旧线改造而成的遗址公园。园区打造的是多功能主题标志性城市活力空间。公园的设计和建设充分保护京张铁路历史遗迹，深度挖掘京张铁路历史文化，利用沿线旧铁轨、道岔、机车等铁路元素，将其打造成为不仅有铁路文化的历史遗迹，也有现代科技风貌的文化空间，历史厚度与城市温度并存。

2019 年 10 月，北京市海淀区采用国际招标的形式，启动了“京张铁路遗址公园贯通概念方案”的征集，吸引了法国岱禾与上海同济（联合申报）、中国建筑设计研究院有限公司、美国 TLS、中国城市规划设计研究院、日建设计、EMBT 等多家中外知名建筑设计公司热情应征。资格预审阶段共收到 60 余份国内外机构的应征申请，经资格审查委员会审查和评选，最终确定 6 家应征团队入围。在历时 6 个月的国际方案征集活动中，各设计团队聚焦“历史传承、开放共享、科创特色、集约利用、绿色生态”，以“绿色、简洁、开放、连续”为设计原则，设计科学性和可实施性兼具的方案。

2021 年 12 月，京张铁路遗址公园一期项目开工建设。公园新建了一个标准足球场、一个五人制足球场、两个篮球场等体育设施，塑造了贯通全线的跑步道、漫步道、自行车道等“三道一绿”的慢行空间，修建了蹦床区及智能化健身广场，丰富了城市公共活动场景，为周边居民带来了福利。

遗址公园建设的见证者、《铁道知识》杂志社原社长魏宗燕谈到京张铁路遗址公园时表示：

京张铁路遗址公园于 2019 年 9 月启动。我深深地感到，京张铁路遗址公园的设计和建设恰逢其时。10 月，北京交通大学交通运输学院组建“深入挖掘铁路文化，助力京张铁路遗址公园建设”课题组。课题组专家在京张铁路遗址公园设计招标之初就预感到，任何一个设计公司，即使是国际大牌公司，如果对京张铁路的历史不了解，就不可能完成体现历史内涵、精神特质和优秀文化的完美设计。要达到国际一流的目标，难度极大。我作为分课题负责人，在课题研究报告撰写过程中，征求了原铁道部部长、中国工程院院士傅志寰，原铁道部总工程师、中国工程院院士、中国工程院副院长何华武，人大代表熊学军、王君厉、王玉凤，中国文物学会20世纪建筑遗产委员会副会长兼秘书长金磊，北京交通大学交通运输学院院长、总课题组组长聂磊，总课题组副组长夏胜利及多位课题组专家的意见。专家组刘宁专注于铁路文化遗产研究，挖掘了许多历史细节，还参与了八达岭詹天佑纪念馆建馆与后期研究展示工作，贡献卓越。程旭在博物馆学术研究领域颇有建树，特别是对首钢遗址的保护利用，为使之成为首都新地标作出了突出贡献。在集中大家智慧和学术成果的基础上，课题研究报告由我撰写完成。单霁翔评委指出："京张铁路遗址公园项目具有三点重要价值：一是京张铁路作为我国自主设计修建的第一条铁路的历史遗迹价值；二是处于20世纪'新遗迹'的独特价值；三是其独一无二的9公里超长线性遗迹价值。"

如今，京张铁路遗址公园一期工程已经完工，正式对外开放。离京张铁路遗址公园不远的北京交通大学已经把遗址公园作为进行"三全育人"德育教育的基地。它必将对新时代交通大学学生的成长产生重要的影响。2019年9月30日，我提笔给中共中央总书记习近平写了"关于把传承詹天佑的民族精神，融入'不忘初心、牢记使命'主题教育活动的建议"。我建议以史为鉴，把传承詹天佑的民族精神和新时代的"中国梦"结合起来，融入"不忘初心、牢记使命"的主题教育活动中去。

我寻访过全国诸多铁路历史车站。通过这些沉默的历史见证物，不难发现维护和修复的缺失，它们的现状令人忧心。历史建筑的价值时常被忽略，而一旦保护意识不足，我们的文化遗产保护、运用和管理的框架也就难以加强。作为国家文化遗产不可或缺的部分，京张铁路的每一座小站都承载着无法替代的文化意义。北京旧工业遗址、遗存、遗物历史库存，犹如博物馆的文化宝库，我有幸参与了工业遗产的重生工作，目睹它们在沉睡后醒来，散发着全新的活力。身为这一过程的亲历者，参与了京张铁路遗址公园的建设，从初步的实地勘查到深入的学术研究，从方案征集到项目落地，我见证了北京这些历史见证者的蜕变。希望每一次文化的传承都是对这些无价工业瑰宝的守护，以塑造文化IP、文旅融合唤醒城市记忆，让它们绽放出前所未有的生机。

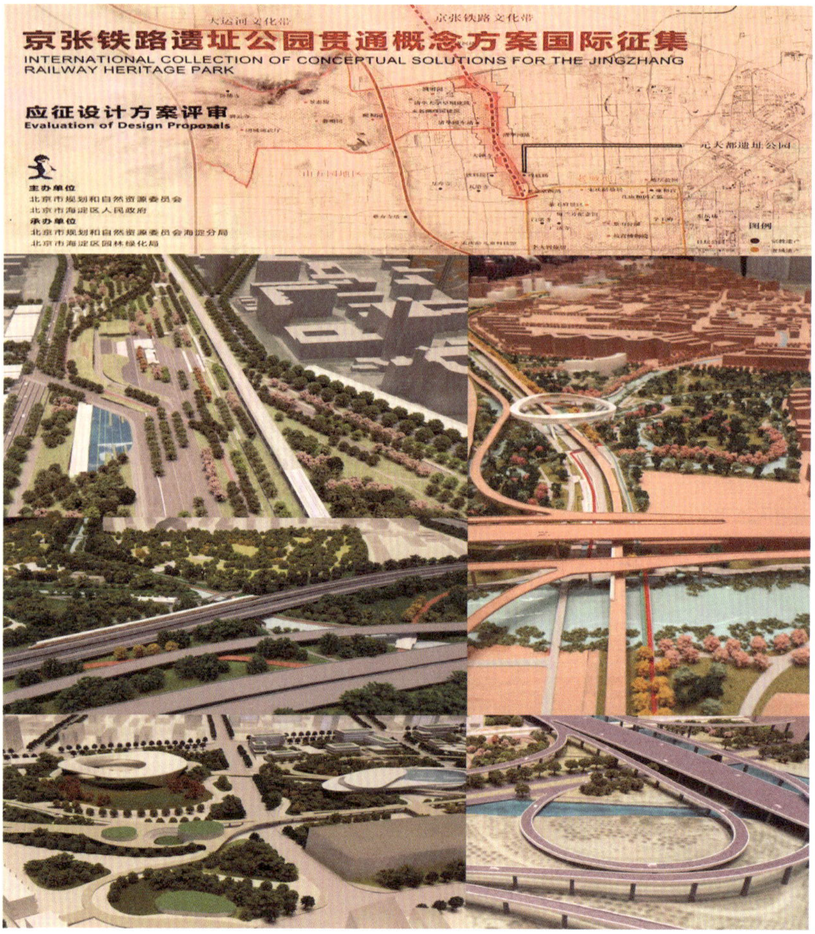

■ 京张铁路遗址公园应征设计方案评审

附录

人物篇

八達嶺山洞

詹天佑“传奇人生”密码

詹天佑这一生，堪称普通人通过不懈努力、紧抓机遇实现人生逆袭的典范。他出身平凡，父辈为茶商，却凭借个人奋斗、前瞻眼光与坚定信念，成为中国近代铁路事业奠基人，更以高尚品格为后世树起精神旗杆。

- 詹天佑的贡献
  - 铁路建设
    - 京张铁路（北京—张家口）
    - 汉粤川铁路（汉口—广州—成都）
  - 科技典范
    - 工程技术的现代化应用
    - 推动科技进步
  - 精神遗产
    - 爱国主义
    - 创新与实践精神
- 后世纪念与传承
  - 詹天佑纪念馆
    - 创建与发展历程
    - 展示詹天佑生平与成就
  - 遗愿与影响
    - 兴国阜民
    - 发扬国光
    - 基础设施建设
  - 文物征集与保护
    - 收集詹天佑遗物
    - 建立档案与保护措施
- 社会影响与评价
  - 政府与社会认可
    - 中华人民共和国政府纪念活动
    - 公祭与悼念
  - 国际评价
    - 被誉为“中国人的光荣”
  - 纪念文化
    - 邮票发行
    - 京剧演出
    - 铜像建立
- 文化传承与教育意义
  - 教育与传播
    - 在学校教育中的推广
    - 科技教育活动
  - 文化产业
    - 推动相关文化产业
  - 国际合作
    - 弘扬詹天佑精神
    - 国际文化交流

教育突破：国学幼童缘何跨越至耶鲁？

抓住历史机遇

詹天佑生于广东省的一个普通茶商之家。晚清洋务运动的留学计划，成了他命运的转折点。他经选拔成为首批公派留美幼童。当时多数国人因对留学陌生又恐惧而却步，可詹天佑的长辈有远见，抓住机会为他争取名额，让他突破阶级与时代限制，为逆袭奠定知识根基。

地球上有一种动物适应自然的能力极强，既可以在陆地上生存，又能在海中畅游，这种动物就是龟类。考古发现，史前世界就有龟类活动的痕迹，它们是现存最古老的爬行动物。那时，所有的龟类与其他生物一样都长期生存在水中，后来由于生活形式的变化，逐渐进化到可以在陆地上生存。海龟会在每年的春夏之交进行迁徙，从大海游回家乡，迁徙过程通常需要数月的时间。在漫长的旅程中，它们需要克服各种困难和障碍，如海洋中的波浪、礁石、捕食者等。迁徙是海龟重要的生存过程之一，所以，现在众人把海外留学归国的学子称为“海龟”，除了与“海归”谐音，还有一层意思，即在外求学的学子就像海洋中的一只小海龟，在异国他乡需要面对各种挑战和困难，包括语言障碍、文化差异、生活习惯改变等，经过不断探索、适应和奋斗，才能获得自己的生存空间。

100 多年前的中国，清政府宣布在上海成立“出洋肄业局”，负责选派聪颖幼童远赴美国留学，这是中国第一个公派留学计划。这件新鲜事儿突破了当时许多国人的想象。可詹天佑的长辈有远见，抓住机会为他争取名额。经过 3 个月的紧张集训，他通过了中文、英文全部会考，获得了出国留学资格，成为近代中国首批出洋留学幼童之一。这一事件对他的人生有着极其深远的影响，开启了他学习西方先进技术尤其是铁路工程技术之路。

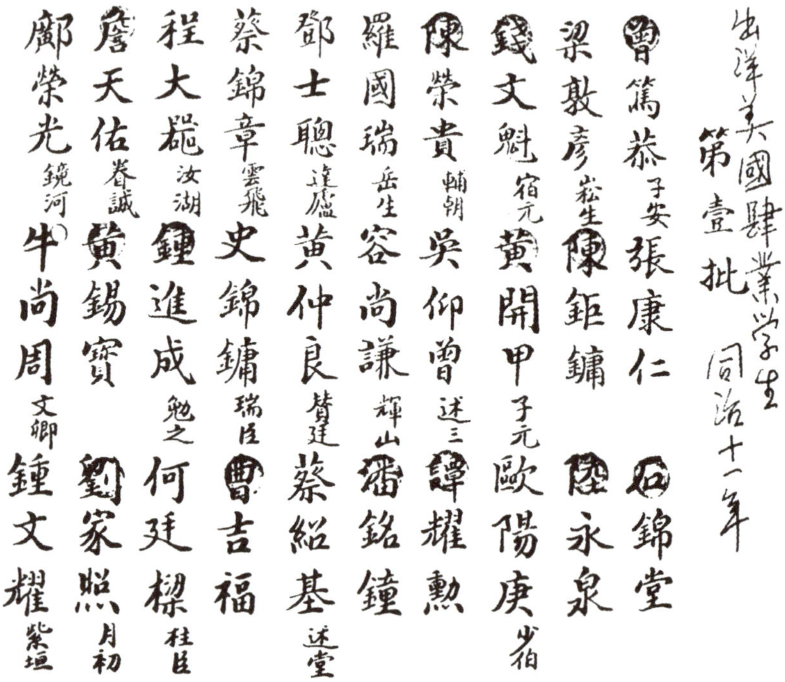
出洋美國肄業學生 第壹批 同治十一年

曾篤恭 子安 張康仁 石錦堂
梁敦彥 崧生 陳鉅鏞 陸永泉
錢文魁 宿元 黃開甲 子元 歐陽庚 兆伯
陳榮貴 輔朝 吳仰曾 述三 譚耀勳
羅國瑞 岳生 容尚謙 輝山 潘銘鍾
鄧士聰 達廬 黃仲良 贊廷 蔡紹基 述堂
蔡錦章 雲飛 史錦鏞 瑞臣 曹吉福
程大業 汝湖 鍾進成 勉之 何廷樑 柱臣
詹天佑 眷誠 黃錫寶 劉家照 月初
鄺榮光 鏡河 牛尚周 文卿 鍾文耀 紫垣

詹天佑收藏的赴美留学第一批幼童名单

出国前詹天佑（左）与同学潘铭钟（右）合影

学贯中西的积累

长辈为詹天佑争取到留美机会，就好比为他指明了方向。往后在国外念书，全得靠他自个儿打拼。留美期间，詹天佑一门心思学习西方工程技术，成绩出色，不仅顶住了学业的压力，顺利考上了耶鲁大学土木工程系，还逾越了文化差异鸿沟。最终，他成了为数不多完成学业并且毅然回国的留学生。就靠着对专业知识这股子钻劲儿，詹天佑给自己攒下了真本事，为日后破解各种技术难题，稳稳打下了坚实根基。

1872 年夏，12 岁的詹天佑告别故土，离开家人的庇护，踏上了西方求学之路。留学之旅，犹如海龟的洄游，他勇敢地跨越汪洋大海，独自面对波涛汹涌的挑战，迎接与孤独相伴的考验，始终以坚定的意志锁定目标，在蜕变的历程中逐浪而行。当年，中国工商界代表李圭在其《环地球新录》一书中，描述了他在费城博览会上遇到这批正在参观的幼童时的场景：“见诸童多在会院游览，于千万人中言动自如，无畏怯态。”

李圭见学生们“装束如西人，而外罩短褂，仍近华式，见圭等甚亲切”，便上前询问年龄稍大的学生参观感受。学生回答道：“集大地之物，任人观览，增长识见；其机器善法，可仿而行之；又能联各国交谊，益处甚大。”

继而询问幼童是否想家时，幼童答道：“想也无益，惟有一意攻书，回家终有日耳。”

学生们的答案既凝练又合乎逻辑，李圭的心中不禁涌现出浓浓的欣赏之情。

求学的道路充满了挑战与艰辛，对于每一个学子来说，都有着不同的意义。然而，学习知识，无疑是最为重要的任务，只要坚持，定能在其中收获成长和进步。无论何时，知识都是自己最宝贵的财富，詹天佑用他的实际行动诠释了这样的信念。1878 年，正值詹天佑高中最后一年。在这一年里，他选择了数学、自然哲学和化学作为他的修习课程。他凭借着自己的聪明才智和刻苦努力，以全班第一、全校第二的优异成绩从纽哈芬中学毕业。这份出色的成绩单，为他敲开了耶鲁大学的大门。

世界知名的高等学府耶鲁大学，入学资格要求之严格，在当时是出了名的。候选人必须通过英文、美国史、地理、拉丁文、算术、代数、几何、三角等各科考试，才能获得入学资格。然而，这并没有难倒詹天佑。他以优异的成绩顺利通过了所有考试，成为耶鲁大学的一员。1878 年 8 月，詹天佑正式成为耶鲁大学谢菲尔德理工学院（Sheffield Scientific School）土木工程系的学生。在接下来的学习过程中，他始终坚持着自己的信念，把学习知识作为首要任务。他在一、二、三年级的成绩都非常优异，两次获得数学奖，成为公认的工科学霸。

詹天佑在耶鲁大学的求学经历，对詹天佑的一生产生了深远的影响。他始终将学习作为首要任务，既学到了丰富的知识，又锻炼了自己的实践能力。这为他后来回国投身我国铁路事业，奠定了坚实的基础。

■ 詹天佑保存的耶鲁大学校史、纪念册

■ 詹天佑获得的数学金质奖章

校园岁月，不仅仅是探索书本上的知识的过程，同样是构筑人际网络、拓宽视野、获取技能的过程。犹如大海中的海龟，借助波涛的洗礼，强壮体魄、结交同伴，学生们也在不断地接触新的人和事，汲取新的智慧。这些多方面的经验和知识将成为支撑他们未来发展的重要财富。

詹天佑在留学期间，与当地学友建立了深厚的友谊。在他归国建设铁路工程的过程中，特别是工程困顿之际，通过与国外工程界朋友的联系，得到了他们的支持与帮助。留学期间的课余时间，他经常参加喜爱的体育运动，如游泳、滑冰、钓鱼、打球等。他特别喜欢棒球。当时，中国学生组建了自己的球队，取名为“东方人棒球队”，詹天佑也是队员之一。《棒球物理学》中曾提到，棒球运动在世界上最困难的 10 项运动中排名首位，原因是棒球运动员的反应速度必须超群，才能赢得比赛。研究显示，当一个投手以每小时 152~160 千米的速度投出一个球时，从他开始做动作到球出手只需要 0.1 秒，而球飞过 20.1 米的场地到达本垒上击球手的时间只需要 0.3 秒。对于一个击球手而言，挥动球棒需要 0.15 秒，所以他必须要在 0.15 秒里判断出球飞的方向。人眨一次眼睛的时间一般是 0.15 秒，也就是说，球手在一眨眼之间就决定了击球的方向，这也意味着比赛在这一眨眼间就决出了胜负。由此证明，棒球选手头脑是非常出众的。詹天佑喜爱的这项体育运动是竞技与智慧的结合，锻炼头脑的同时也保持了健康的体魄和自信与活力，而这些都是抵抗风浪与挫折的有力后盾。

1881 年，詹天佑与大学毕业班同学合影

留学生组成的中华棒球队合影（后排右二为詹天佑）

职业逆袭：从受冷遇到成为“中国铁路之父”

蛰伏期的坚持

詹天佑归国初期，清廷未能重视其专长，他被派往海军学堂任教，直到七年后才得以进入中国铁路公司，这才迎来职业转机。这段经历，恰似于暗夜潜行，逆袭之道，贵在忍耐坚守，厚积而后薄发。

中国近代铁路建设初创于清朝末期。1881 年，清政府洋务派主持修建唐山至胥各庄铁路，揭开了中国自主修建铁路的序幕。同年，清政府召回了公派留学海外的学生，尽管大多数人尚未获得学位（120 名回国的中国留学生中，只有两人获得了学位，詹天佑是其中的一个）。1888 年，詹天佑投身铁路事业。他先后在京奉、新易、京张、京绥、沪嘉、洛潼、川汉、粤汉等铁路线路任职，足迹遍布大江南北，逐渐成长为中国第一代铁路人的杰出代表和领军人物。

敢为人先，技术突破与民族担当

在新易铁路和滦河大桥建设中，他创新结合中西技术，成功解决外国工程师无法克服的难题。在主持京张铁路时，面对外国“中国人无法独立修铁路”的嘲讽，提前两年完工，震惊世界。这些成就证明，专业准备与创新思维是突破困境的关键。

詹天佑负责修建的第一条铁路是皇家铁路——新易铁路。此路是一条专线铁路线。说它是专线，是因为这条铁路专供慈禧祭陵而建。铁路只为一人修建，而使用者本人只用过一次，这在世界铁路史上可能也是绝无仅有的。

1902 年秋，清政府宣布将于第二年春季拜谒西陵。河北易县城西 15 千米的永宁山下为西陵所在地。在北京东南 130 千米处这片被群山环抱的平川上，雍正、嘉庆、道光的皇陵依次分布在山脚，此外还有后陵及妃嫔的园寝。祭陵路程往返要 250 多千米，路途遥远不说，还得饱受颠簸之苦。为便于慈禧太后等人的“御驾”往来，清政府决定修建新易铁路。为不耽误慈禧使用，工期定为 6 个月，资金预算为 60 万两白银。接到指令的袁世凯马上选择修建者。他首先看中的是英国工程师金达（Claude W. Kinder），但是由于当时在中国第一波兴建铁路高潮中获益的欧洲各国都在争夺此修路权而各不相让，为难之下，袁世凯无奈放弃任用外国工程师，改由中国人自行设计兴建。

欧洲各国争夺修路权耽误了两个月时间，在“祭陵专线”工程工期只剩 4 个月的时候，詹天佑被任命为新易铁路总工程司。这是中国人自主修建干线铁路的开始。自此，詹天佑有了一个独立施展建路才能的舞台。

这条线路全程不长，只有 43 千米，在筑路人员缺乏的情况下，詹天佑还要解决三大难题：一是修建时间到了冬季，天寒地冻，施工不易；二是工期紧迫，只剩下 4 个月；三是因系临时动议修建铁路，没有备料，材料短缺。

詹天佑显示出了他精湛的技术和超乎寻常的组织能力。他带领人员夜以继日，每日工作约 15 小时，加班加点完成了勘测。修建方案考虑到了铁路的特殊用途：列车载重量不大，专线运行频率低。为了节

■ 1903 年 3 月，新易铁路竣工验收

省时间和费用，他想出了各种解决问题的方案，比如使用从关内外铁路局借来的旧轨及枕木，在路基建成后立即铺轨，枕木间隔设置得比正常标准稍宽；为了穿越两条河道，搭建了临时便桥，大大缩短了施工时间，还节省了费用。最终未超出原预算，如期竣工。

1903 年 4 月 5 日清晨，北京永定门火车站的月台上，清兵列队肃立。铁道线上装饰一新，火车迎来了它的主人。车厢门口设置了坡形平台，两边加栏杆，铺以地毯。慈禧一行登车之时，所有机车上的人员都齐整地屏息低头跪地，等到慈禧和光绪登上火车，在车厢坐定之后，大家方才起身回到自己的岗位开始操作。“祭陵专列”徐徐开动，沿途不停，快速平稳，全程行驶了两个多小时，最后安全抵达终点。

这是在清朝高规格国事活动中，最高统治者首次以火车作为交通工具。

慈禧祭陵回宫后，詹天佑又把那些因应急而临时建起的便桥加固为永久的正式桥梁，对原来铺置间距较稀的枕木按标准补足，达到了工程质量规定的标准。

跨越险阻：主持修建京张铁路

留学期间，詹天佑勤奋学习，接触到了当时世界先进的工程学理念和技术。回国后，他将这些知识用于中国的铁路建设事业，最著名的就是主持修建京张铁路，就此打破了外国对中国铁路修筑技术的垄断，他也因此成为中国近代铁路工程先驱。

晚清时期，清政府修建铁路，向来迷信重用外国工程师。计划修建京张铁路时正值清政府内忧外患、欧洲争夺路权紧张对峙之际，为了不引起外交纠纷，清政府宣布“此路关系重要，应由国家自行筹款兴筑，不得由商人率意请办”，声明京张铁路“作为中国筹款自造之路，亦不用洋工程师经理，自与他国不相干涉”。古之立大事者，不唯有超世之才，亦必有坚忍不拔之志。修建京张铁路，不仅要面对资金不足、机器短缺、技术力量薄弱等重重困难，还要穿越险峻复杂的居庸关、八达岭一带，工程十分艰巨，对欧美各国来说都不是易事，更别说中国人自行建造了。清政府也确实没有独立承担修筑这种铁路干线的先例。在欧美人看来，这是中国人根本不可能完成的工程，甚至有西方人士公开讥讽道：“中国造此路之工程师尚未诞生。”

此时，詹天佑被起用。

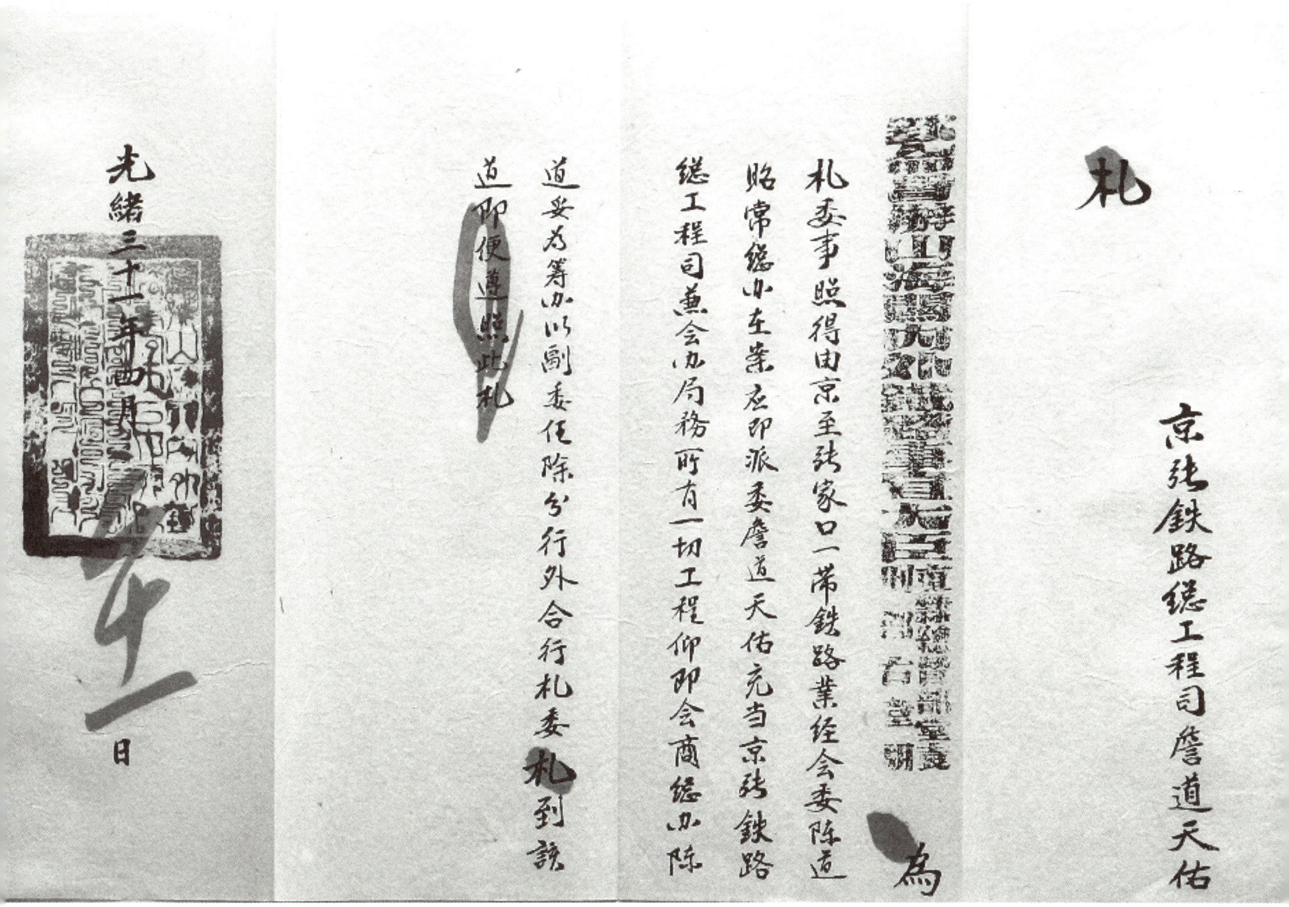
京张鉄路縂工程司詹道天佑
札
為
札委事照得由京至张家口一带鉄路业经会委陈道
昭常縂办在案应即派委詹道天佑充当京张鉄路
縂工程司兼会办局务所有一切工程仰即会商縂办陈
道妥为筹办以副委任除分行外合行札委札到该
道即便遵照此札
光绪三十一年四月 日

■ 清政府任命詹天佑为京张铁路会办札

“中国地大物博，而于一路之工，必须借重外人，引以为耻，”他说，“如果京张工程失败的话，不仅是我的不幸、中国工程师的不幸，还会带给中国很大损失。在我接受这一任务前后，许多外国人露骨地宣称中国工程师不能担当京张线的石方和山洞的艰巨工程，但是我坚持我的工程。”詹天佑勇敢地担负起总工程师的艰巨任务。

■ 地处阜成门外的工程局

八达岭两处隧道修建难度世所罕见

八达岭关门

京张铁路全线最艰难的工程在八达岭地区关沟段。关沟处于燕山山脉和军都山山脉之交会处，是中原地区通往西北高原的咽喉要道。这一带重峦叠嶂，悬崖峭壁，岩层厚且坚硬。在这里修筑铁路有两大难题：一是需要打通的隧道长而且多；二是地势坡度大。工程的难度在当时是举世罕见的。关沟路段总长 1645 米，需要贯通挖凿 4 个隧道（居庸关、八达岭、五桂头、石佛寺），难度最大的当属居庸关和八达岭两处，居庸关隧道长 367 米，八达岭隧道长 1091 米。

1905 年 9 月 4 日，京张铁路动工。

在开凿号称“天险”的八达岭隧道工程中，詹天佑根据具体情况，因地制宜，采取分段施工的方法，设计了直井法开凿方案。据《京张铁路工程纪略》记述：“八达岭山洞因洞身过长，仅恃两端开凿之法费时必久，故于洞身之中部开辟大井，与两端同时并进。”在八达岭隧道两端施工凿进的同时，在隧道上方山顶处向下垂直开挖大、小井各一座。“继由山岭打通大小二井，下距轨线深一百十余尺，遂于井内再由南北两向开凿，计分六处，同施工作。”多工作面同时开凿，日夜不停施工，最终缩短了工期。

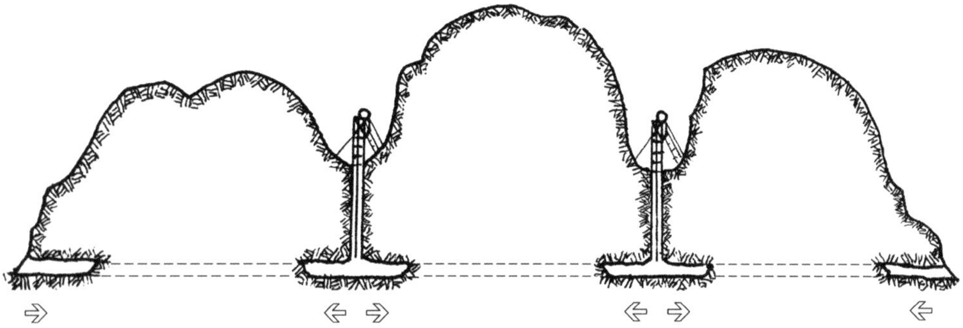

■ 隧道中部凿井六面施工示意图（刘宁 绘）

■ 隧道凿通后，保留大直井作为八达岭隧道通风楼

■ 八达岭隧道

解码人字形铁路方案

修建京张铁路，无疑是一项前所未有的挑战。该地段地理环境恶劣，地势陡峭，坡度大。在关沟段，最大坡度达到了惊人的33‰，这意味着火车每前进1000米，坡度就上升33米。而当时的火车最高爬坡率只能达到25‰。在这样的条件下，要让火车顺利爬坡，无疑是一项几乎无法完成的任务。《京张铁路工程纪略》一书中对这一段的描述更是生动形象："南口岔道城之间，岗峦重叠，谷涧纷岐，峭壁参天，崎岖峻险。原测居庸关一带，以阻隔关沟，拟筑巨桥，傍山直上，穿越关城，因坡度过陡，终虑行走出险。嗣往复测，勘线凡数易，乃始定为今线。"为了克服这个难题，经过反复考量，詹天佑带领工程师们采取了"削高填深，循沟筑堤，开洞以通平原，绕山以取弯道"的策略。他们精心设计了斜度，使"其斜度每三文得一尺"，以确保火车行驶的稳定性。尽管这个过程充满了艰辛和困难，但他们始终保持着坚定的信念和决心，最终成功克服了这个难题。京张铁路建设充满挑战，是我国铁路建设史上的一座里程碑。它见证了我国工程师的智慧和勇气，也展示了我国在铁路建设领域的强大实力。

擅长解决难题的詹天佑借鉴美国高山地区铁路设计思路，在青龙桥设计人字形铁路，也叫"之"字轨道，以长度换高度，减小高度差，成功解决了车不能直接爬坡和转弯的难题。人字形铁路的设计，就像汽车行驶在盘山公路上，通过折返减少坡度；楼房的步行梯设计也是利用这一原理。这样的设计可以将线路的坡度降低至28‰，隧道也由原测的1800米缩短为1091米，而且工程费用可节省10万两白银，

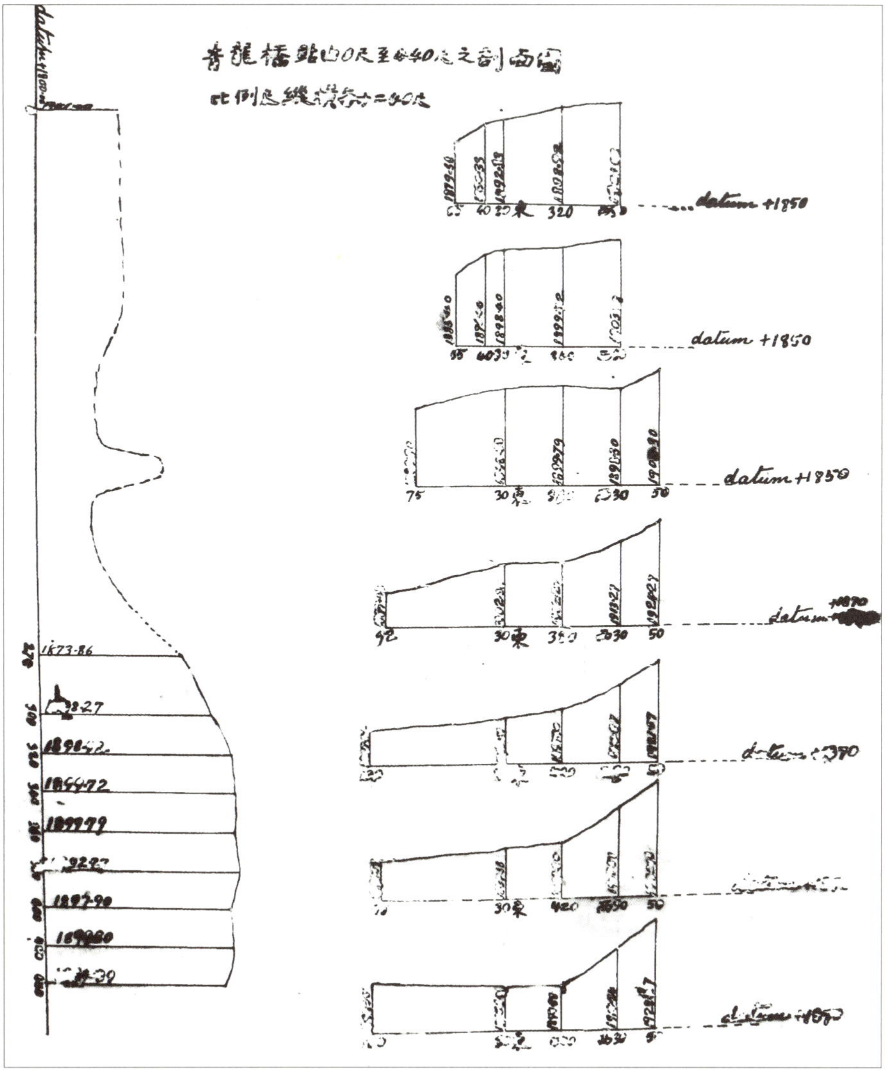

詹天佑在定测“之”字线时绘制的青龙桥一带断面图

施工的强度和难度也相对降低。这种设计方案曾被认为是异想天开，在当时世界铁路史上都极为罕见，并无现成之经验可借鉴。京张路线初测完成后，詹天佑也认为人字形路线总不如环形绕山之套线优越，除非万不得已，不要采用这种路线。但在当时修路的客观条件限制下，詹天佑权衡利弊，还是决定采用如此大坡道的人字形设计，可以使八达岭山洞长度减少近半，解决了京张铁路通过八达岭的关键问题。不得不说，这是一个极为大胆而果断的举措。人字形铁路的设计也成为京张铁路的一个创举。

■ 青龙桥人字形线路折返行车示意图（刘宁　绘）

青龙桥上下行火车同时开行

人字形铁路的具体设计思路是这样的：当火车行驶到青龙桥路段时，火车采用两个机车前后配合的驱动方式，其中一个机车在前方牵引，另一个机车在后方推动。火车沿着石佛寺的引导，逐步向上攀登，直至黄土岭线路的入口。此时，火车便会抵达青龙桥车站，然后采用折返的方式掉头。掉头后，原本后方的推动机车将改为前方牵引，而原本前方的牵引机车则转为后方推动。火车沿着人字形铁路的另一边，向西北方向直接进入八达岭隧道。这种设计方式的巧妙之处在于，它能够降低火车爬山过程中的坡度，进而减少火车爬坡时所需的牵引力，确保火车安全稳定地向上行驶。这种人字形铁路设计，不仅使火车在爬坡过程中更加安全稳定，也极大地提高了铁路的运输效率。

因此，当你乘坐火车行驶在这段独特的“之”字轨道上时，你会发现火车折返掉头后，原本朝前的座位会变为反向。这种奇特的体验，是人字形铁路设计带来的独特风景。

■ 京张铁路建成通车前验道留影（前排右三为詹天佑，左一为詹文彪，左三为柴俊畴，左六为陈西林，右一为翟兆麟）

■ 京张铁路通车张家口庆典会场

1909 年 10 月 2 日 8 时 30 分，汽笛响起，鞭炮齐鸣，西直门站的站台上，一列整装待发、装饰华丽的火车缓缓驶出。这列火车是为庆祝京张铁路正式开通运营而即将驶往南口镇的茶会专车。车头的正前方挂有用松枝、彩花扎成的龙形饰物，身形遒劲；另有两面龙旗交叉悬列。列车首站停靠清河镇，接着前行。9 时 45 分，列车顺利抵达南口镇——京张铁路通车庆典茶会的举办地。

京张铁路是由国人自行设计修建的我国第一条国有干线铁路。詹天佑以其不懈的努力向世界展示了中国人民的创造能力，增强了国人的自信心，为中国挣回了尊严。他所作的贡献远不止于工程技术领域，他倾尽全力维护了国家路权。其人格令人敬佩，其智慧令人钦佩。

■ 京张铁路通车典礼时工程人员合影（前坐左起翟兆麟、陈西林、詹天佑、颜德庆、俞人凤；后立右起徐文洞、张鸿诰、柴俊畴）

■ 京张铁路起点

品格力量：从婚姻到事业的道德坚守

在中国悠久的历史长河中，神话传说与现实交织，成就了一段又一段脍炙人口的佳话。其中，大禹治水的故事家喻户晓，彰显着先民们不屈不挠、敢于担当的精神风貌。而近代，詹天佑以其卓越的铁路工程技术，为国家铁路事业作出了杰出贡献，诠释了一代人的家国情怀。

大禹，古代神话传说中的英雄人物，他勇敢地肩负起治理水患的重任，与洪水斗争，耗尽心血和智慧，三过家门而不入，最终完成了伟业。他的事迹成为中华民族勤劳、坚忍、担当精神的象征。大禹治水的故事传承千年，激励着一代又一代人为家国付出不懈的努力。近代以后，中国面临着内忧外患的严峻形势。詹天佑直面挑战，脱颖而出，成为建设国家铁路事业的中坚力量。詹天佑以其才华和智慧，践行着家国情怀，诠释着时代担当。

情感忠诚与家庭支持

詹天佑与谭菊珍的婚姻始于幼年婚约，但他始终践行一夫一妻制，忠诚于婚姻，这种责任感与情感坚守，为他提供了稳定的家庭支持。

詹天佑幼时出国之前已由父母定下娃娃亲，学成归国后，詹天佑回到广州。1887 年，26 岁的詹天佑在澳门举行了结婚典礼。此后，詹天佑携家人踏遍中华大地，其夫人谭菊珍始终守候其侧。在繁忙的工程期，詹天佑带领队伍，指挥施工，顶风冒雪，夜以继日地工作在施工一线。为便于筑路，詹天佑携家人搬到工区住。一张当年的照片记录了詹天佑以工地为家的画面：在一间简陋的工棚里，妻子正在缝补

1899 年，詹天佑在关内外铁路工地的临时家中

衣服，孩子坐在桌边，詹天佑则躺在一张简易吊床上聚精会神地读书。

这张照片是现存詹天佑照片中少有的“抢拍”照。从照片中可以看出，只有年幼的孩子意识到了摄影师的存在。一个在紧张工作的片刻闲暇中读书，一个在聚精会神地缝补衣服，一个在好奇地打量着外来者——照片留住了 100 多年前詹天佑一家极其真实而感人的一瞬。詹天佑夫妇感情笃厚，相伴一生。一家人随修路工程而不停迁徙，所育 8 个子女分别出生在广州、直隶（今河北）、林西、丰台、山海关、锦州、北京。

古代大禹治水三次路过家门而不踏入，毅然决然地完成了治水的伟业。近现代，詹天佑为修筑铁路四处奔波，家随铁轨而移，铁轨伸展到哪里，他的足迹就追随到哪里。他的心血倾注在每一寸钢轨上，对事业的忠诚和对家国的热爱从未减退。两位时代英雄在不同的领域，肩负着相似的使命，这不只是技术的突破，更是一种跨越时代的家国情怀的传承，为民谋福，为国图强。

家国情怀与职业信仰

詹天佑总说：“中国铁路得咱中国人自修自营。”晚年重病，他仍代表中国出席国际铁路会议，将个人命运融入国家需求，拼力争取路权。临终之际，他念念不忘未竟之事。个人与国家相连，心怀家国，信念不倒，事业才有方向，国家方能兴盛。

中华工程师学会的组建史，即中国近代工程技术事业的发展史。人才是国家向前发展的核心力量。一个国家只要拥有知识结构、数量规模合理的专业人才队伍，就拥有了发展富强的基本条件。学会全体会员在潜心于科学技术研究与努力提高工业现代化的实践中，成为振兴我国工程技术的推动力。

在文明古国五千年的悠久历史中，奇迹创造与辉煌发明成为中华民族的特征，令世人敬佩，更令国人骄傲。近代的闭关政策使我国保守停滞、外患严重，逐步与先进国家拉开了距离。国家要发展，应该借鉴先进的科学技术，但关键还要依靠自己，才能摆脱外人的牵制。

个人的力量有限，而团体的力量是无穷的。振兴科技不仅需要个人奋起，更要依靠工程师组织。团体合力才能更有效地促进科技进步与工业建设水平快速提高。中华工程师学会宗旨为三大纲：一则规定营造制度；二则发展工程事业；三则力阐工程学术。又规定办法五则：一为出版以输学术；二为集会以通情意；三为实验以资实际；四为调查以广见闻；五为藏书以备参考。1918 年 7 月，中华工程师学会正式迁至北京西单牌楼报子街 76 号新会址。同年 10 月 11 日举行第六届常年大会，推选张謇、叶恭绰为名誉会长，詹天佑为正会长，邝景阳、华南圭为副会长。年终时共有会员 400 余人。

詹天佑首任会长演说词

今日为本会年会之期，计自本会成立以来，已历一年，统计新入会者已达百余人之多，而全体会员共已二百四十九人，其中多各项工程专科及工程界著名专家博闻硕学之士，此盖本会极可庆幸优美之点也。至于本会会报，近已逐渐改良，而由本会会员著述校印之书，则有工学字汇、京张铁路标准图暨实用曲线测设法各种，虽不敢必为有用之籍，然于工程界似亦为可资参考之书。其他如粤省支会业经成立，本会聘定驻会办事专员，及制成证书徽章各事，皆可证明本会之竿头日进者也。惟本会事务所仅得楼房一椽，规模稍嫌局促，不免耿耿于心。特是鄙人以为凡事进行不嫌稍缓，但恐停滞不前耳。

而讲求外观之美，应先求夫内容之完，现在本会会员日益加多，精神亦复团结，只须热心毅力，持之以恒，则区区会所之扩充，不过会员一举手之劳耳，又何足为虑乎？故鄙人对于本会常抱乐观之意，而且希冀其发达曾无已时，以为吾中华工程界人才既日益发展，中华工程上事业亦逐渐修明，吾会当与之为同等之比例。然则中华工程师会其进步之程限，亦距有津涯耶？鄙人忝居会长，已满一年，建白毫无，深滋惭歉，兹当选举届期，惟愿继替得人，领袖群英，共谋进步，鄙人将勉为会员，得随诸君子后，以观中华工程师会之勃兴，实深幸甚。

辛亥革命后，詹天佑为了振兴铁路事业，与科技同仁一起共同成立了中华工程师学会。这是工程师有团体组织之始。詹天佑团结全国工程科技人员，相互扶持，进行学术研究，开展学术交流，营造了学术研究的风气。中华工程师学会的成立对推动科学技术事业的发展起到了显著作用。

詹天佑对青年工程师的期望，也是对祖国前途的憧憬。对青年工程技术人员的培养，詹天佑倾注了大量心血。他以自己的行为做表率，勉励青年“精研学术，以资发明”，要求他们“勿屈己而徇人，勿沽名而钓誉。以诚接物，毋挟褊私，圭璧束身，以为范例”。

詹天佑向青年工程师发出号召：“各出所学，各尽所知，使国家富强，不受外侮，足以自立于地球之上。”

詹天佑首任会长演讲词中，洋溢着激励心灵的金句，成为激励工程技术人员接续奋斗的名言佳句。

詹天佑离世后，学会少了这位工程界领袖的领导，发展受到很大影响。1923 年以后，成立于美国的中国工程学会转入国内活动，其与

■ 1919 年 2 月詹天佑出席远东铁路会议前留影

中华工程师学会之宗旨及事业和会员在社会中的地位日益接近。1931年3月，中华工程师学会正式推举韦以黻、夏光宇为代表，中国工程学会推举恽震、徐恩曾为代表，经6个月讨论，提出合并具体办法及新会章程草案。同年，在南京举行两会联合年会，中华工程师学会与中国工程学会合并，成立中国工程师学会，并决议以我国最初组织工程师团体的1912年为本会创始之年。

詹天佑担任会长时期，正值我国工程领域起步阶段。在这个关键时刻，他带领中华工程师学会致力于推动国内工程技术的发展，孕育出一批又一批优秀工程师。在会长的激励下，学会如同生生不息的火种，持续壮大，点燃了我国工程技术领域的璀璨星光，书写了辉煌篇章。

在詹天佑时代，中国铁路线从一片虚无缥缈的梦想中崛起。工学家以“志向”推动现代文明，用智慧和汗水描绘出壮丽蓝图。而今天，我们站在新的历史节点，目睹着铁路线的再次蜕变，从已有的辉煌成就出发，向着无限的未来进发。京张铁路至今还在发挥遗产作用，但其早已突破了传统的可视的地表线路，已经上升为具有代表性的民族工业遗产遗址和具有人文精神的文化符号。

后记

19 世纪下半叶，在工业革命浪潮席卷全球之际，列强的蒸汽巨轮碾碎了地理藩篱。当钢铁履带在欧陆轰鸣时，东方古国的版图上，铁路建设渐成各方角力的焦点，这是工业文明全球扩张的必然投影，亦是撬开闭关锁国的物理杠杆。在蒸汽机车的轰鸣声中，古老帝国被卷入现代性重构的历史轨道。彼时的中国在封闭的农业经济下，经济自给自足，手工业发达，各地有不同矿产和加工产业。欧洲人想在中国建铁路，是为了产品和资金找市场，建铁路和运营都能获利。起初的 30 年，外交人员和商人只空谈建铁路。甲午战争后，列强开始“争夺特许权”。1863 年，中国首次拒绝外国修筑铁路的要求。此后，国人一直担忧铁路会成为列强经济渗透的工具，而经济渗透又可能引发政治侵略。从 1876 年的吴淞铁路到 1949 年中华人民共和国成立，旧中国在 73 年间共建约 2.62 万千米铁路，其中超 80% 被帝国主义或外国资本控制。此后半个世纪，列强不断施压，半殖民地状态下的中国常以主权换铁路建设的物质利益。当时的铁路数量少，分布散，线路不连通，装备落后，规格杂乱，管理混乱。

1905 年破土动工、1909 年全线通车的京张铁路，作为中国人自主修筑的首条干线铁路，意义非凡。从国家层面看，京张铁路打破了中国铁路建设技术与资金受制于人的局面，彰显了国人实力，激发了民族自信。它连通了张家口、北京等地，促进资源流通，带动商业、旅游业发展，为经济增添了动力，还优化了交通，巩固了国防，提升了战略防御能力。对清政府而言，在国内，修建京张铁路可以展示其推进工业化的决心，缓和改革舆论压力，稳固统治；国际上，可以扭转外界对中国的落后印象，提升话语权，为外交博弈赢得筹码。彼时列强疯狂争抢中国铁路修筑权以掠夺资源、扩张势力。京张铁路的横空出世，粉碎了列强技术的垄断美梦，回击了侵略野心，遏制了抢夺特许权的行径。主持修建铁路的工程师詹天佑，凭借其智慧与意志，化身捍卫国家主权和经济利益的坚固盾牌。他以钢轨为笔，以山河为卷，书写了中国工业文明的启蒙篇章。为了铭记这位“中国人的光荣”，人们建馆、立像，沧海拾遗般探寻那些弥足珍贵的遗迹，搭建出一座座承载历史记忆的殿堂。

小时候，我总爱翻父亲那带着岁月特有质感的旧相册，听他讲那些亲身经历，讲每张黑白照片背后的故事。也就是从那时起，我知道了长城脚下有一座小小的火车站，安静又沉默，像一个藏着无数秘密的时光宝盒。爸爸说，那儿的砖瓦站舍、碑刻塑像，还有墓地钢轨，都是历史留下的遗迹。那时的我懵懵懂懂，却也被这些神秘的故事勾住了心，好像有一颗好奇的种子，埋进了心底。

再后来，我懂了，那座火车站遗址是中国铁路发展的重要里程碑。小站目睹了国人自主修筑铁路时，于荆棘中开出道路的艰难，也见证了荣耀加身的辉煌，承载着几代人的梦想与热血。也是在那个时候，我读懂了父亲眼中对文化遗址的热爱与执着。

在遗址之上，他的身影忙碌不停。他精心为詹天佑塑像，让詹公神韵重现；仔细修复民国詹天佑铜像，使其重焕往昔光彩；他辗转各地征集京张铁路文物；在纪念馆的设计与建设中，他更是亲力亲为，从空间布局到展陈规划，每个细节都反复打磨，只为搭建一座承载历史记忆的殿堂，全力主持建立詹天佑纪念馆。这一切，都是他献给历史的厚礼。对文物背后的故事信手拈来，是他无数个日夜研究的成果。出于对这份历史遗产的敬畏，我也踏上了探寻之路。每深入一分，就有更多被岁月掩埋的往事破土而出。我想把这些故事整理出来，讲给更多的人听。这是我所能想到的，献给历史最好的礼物，希望能让更多的人，感受到历史的温度，唤醒心底那份对过去的热爱与敬畏。

2025 年 3 月